# LEYENDAS MEXICANAS DE ANTES Y DESPUÉS DE LA CONQUISTA

Este volumen se forma de dos partes. La primera contiene un puñado de hermosas leyendas que llenaron de asombro a los descubridores españoles; la segunda se forma con las historias que se forjaron durante los siglos del coloniaje. Unas y otras representan el sentimiento de un pueblo para el cual la fantasía y la magia son más importantes que su realidad. Conociéndolas comprenderemos mejor la idiosincracia del pueblo mexicano, tan paradójico y controvertido.

LOS *LIBROS* HACEN *LIBRES* A LOS HOMBRES

HERIBERTO FRIAS 1104 MEXICO 03100

Mexiko
Juni 1993

# LEYENDAS MEXICANAS
## de antes y después de
# LA CONQUISTA

*Carlos Franco Sodja*

Título de la obra: LEYENDAS MEXICANAS DE ANTES Y DESPUÉS DE LA CONQUISTA.



Portada: Dpto. Artístico de EDAMEX. Cuadro "Gesto Azteca", del gran pintor mexicano Jesús Helguera. Colección de la familia Helguera.

EDAMEX, Heriberto Frías 1104, Col. del Valle, México 03100. Tels. 559-9328; 559-3246; 559-2597; 559-0069. Fax Dirección: 575-0555; Fax Ventas: 575-7035. Si llama de Estados Unidos, marque 91-5 antes del número.

ISBN-968-409-657-7

Impreso y hecho en México.
Printed and made in Mexico.

# Índice

## Primera parte



## Segunda parte

# PRIMERA PARTE
# EL MUNDO PREHISPÁNICO

## EL MUNDO PREHISPÁNICO

*La inocencia del alma no se pierde nunca.*

*Gente de todas las partes y de todos los tiempos han escuchado y seguirán escuchando con una diáfana ingenuidad, los relatos, las tradiciones, las leyendas y las antiguas crónicas; unas que apenas soslayaron ojos ávidos y torpes en antiguos códices ideográficos, esotéricos y misteriosos, otras que aún yacen olvidadas en polvosos y húmedos archivos, entre pergaminos carcomidos, en escritura de tinta desleída y caracteres dibujados por acuciosos monjes y "lenguas" que llegaron al conocimiento de los dos idiomas que en su tiempo prevalecieron en lo que hoy es América.*

*Y aún nos queda la herencia que hoy tratamos de registrar y rescatar, que es el relato de los viejos, las tradiciones y mitos orales que se han venido repitiendo de generación en generación en un legado cultural que de ningún modo debemos esquivar y desaprovechar.*

*Y así, tradiciones, leyendas y mitos, una mitología asombrosa de hechos increíbles en los que se mezclaban hombres y dioses, estrellas y animales, elementos y movimientos telúricos, con el devenir de los antiguos pobladores del Anáhuac, se han ido eslabonando estas hermosas cuentas de abalorio, esta encajería de una urdimbre que aún hoy nos deleita y nos asombra y nos pone a pensar si en verdad han ocurrido tantos* hechos, unos sombríos y sobrenaturales otros, y el motivo por el cual ya no ocurren.

La explicación tal vez nos la puede dar nuestra propia alma, nuestro mágico interior de ver las cosas en un cristal retrospectivo, para acogerlas y recordarlas con bondad, con cariño y la más sana comprensión.

# LA LLORONA

Los cuatro sacerdotes aguardaban espectantes.

Sus ojillos vivaces iban del cielo estrellado en donde señoreaba la gran luna blanca, al espejo argentino del lago de Texcoco, en donde las bandadas de patos silenciosos bajaban en busca de los gordos ajolotes. Después confrontaban el movimiento de las constelaciones estelares para determinar la hora, con sus profundos conocimientos de la astronomía.

De pronto estalló el grito...

Era un alarido lastimoso, hiriente, sobrecogedor. Un sonido agudo como escapado de la garganta de una mujer en agonía. El grito se fue extendiendo sobre el agua, rebotando contra los montes y enroscándose en las alfardas y en los taludes de los templos, rebotó en el Gran Teocali dedicado al Dios Huitzilopochtli, que comenzara a construir T i z o c en 1481 para terminarlo Ahuizotl en 1502, si las crónicas antiguas han sido bien interpretadas, y pareció quedar flotando en el maravilloso palacio del entonces Emperador Moctezuma Xocoyótzin.

—¡Es Cihuacoatl! —exclamó el más viejo de los cuatro sacerdotes que aguardaban el portento.

—La Diosa ha salido de las aguas y bajado de la montaña para prevenirnos nuevamente—, agregó el otro interrogador de las estrellas y la noche.

Subieron al lugar más alto del templo y pudieron ver hacia el oriente una figura blanca, con el pelo peinado de tal modo que parecía llevar en la frente dos pequeños cornezuelos, arrastrando o flotando una cauda de tela tan vaporosa que jugueteaba con el fresco de la noche plenilunar.

Cuando se hubo opacado el grito y sus ecos se perdieron a lo lejos, por el rumbo del señorío de Texcocan todo quedó en silencio, sombras ominosas huyeron hacia las aguas hasta que el pavor fue roto por algo que los sacerdotes primero y después Fray Bernardino de Sahagún interpretaron de este modo:

"...Hijos míos... amados hijos del Anáhuac, vuestra destrucción está próxima..."

Venía otra sarta de lamentos igualmente dolorosos y conmovedores, para decir, cuando ya se alejaba hacia la calina que cubría las faldas de los montes:

"...¿A dónde iréis... a dónde os podré llevar para que escapéis a tan funesto destino... hijos míos, estáis a punto de perderos..."

Al oir estas palabras que más tarde comprobaron los augures, los cuatro sacerdotes estuvieron de acuerdo en que aquella fantasmal aparición que llenaba de terror a las gentes de la Gran Tenochtitlán, era la misma Diosa Cihuacoatl, la deidad protectora de la raza, aquella buena madre que había heredado a los dioses para finalmente depositar su poder y sabiduría en Tilpotoncátzin en ese tiempo poseedor de su dignidad sacerdotal.

El Emperador Moctezuma Xocoyótzin se atuzó el bigote ralo que parecía escurrirle por la comisura de sus labios, se alisó con una mano la barba de pelos escasos y entrecanos y clavó sus ojillos vivaces aunque tímidos, en el viejo códice dibujado sobre la atezada superficie de amatl y que se guardaba en los archivos del imperio tal vez desde los tiempos de Itzcoatl y Tlacaelel.

El Emperador Moctezuma, como todos los que no están iniciados en el conocimiento de la hierática escritura, sólo miraba con asombro los códices multicolores, hasta que los sacerdotes, después de hacer una reverencia, le interpretaron lo allí escrito.

—Señor, —le dijeron—, estos viejos anales nos hablan de que la Diosa Cihuacoatl aparecerá según el sexto pronóstico de los agoreros, para anunciarnos la destrucción de vuestro imperio. Dicen aquí los sabios más sabios y más antiguos que nosotros, que hombres extraños vendrán por el Oriente y sojuzgarán a tu pueblo y a ti mismo y tú y los tuyos serán de muchos lloros y grandes penas y que tu raza desaparecerá devorada y nuestros dioses humillados por otros dioses más poderosos.

—¿Dioses más poderosos que nuestro Dios Huitzilopochtli, y que el Gran Destructor Tezcatlipoca y que nuestros formidables dioses de la guerra y de la sangre? —preguntó Moctezuma bajando la cabeza con temor y humildad.

—Así lo dicen los sabios y los sacerdotes más sabios y más viejos que nosotros, señor. Por eso la Diosa Cihuacoatl vaga por el Anáhuac lanzando lloros y arrastrando penas, gritando para que oigan quienes sepan oír, las desdichas que han de llegar muy pronto a vuestro Imperio.

Moctezuma guardó silencio y se quedó pensativo, hundido en su gran trono de alabastro y esmeraldas; entonces los cuatro sacerdotes volvieron a doblar los pasmosos códices y se retiraron también en silencio, para ir a depositar de nuevo en los archivos imperiales, aquello que dejaron escrito los más sabios y más viejos.

Por eso desde los tiempos de Chimalpopoca, Itzcoatl, Moctezuma Ilhuicamina, Axayácatl, Tizoc y Ahuizotl, el fantasmal augur vagaba por entre los lagos y templos del Anáhuac, pregonando lo que iba a ocurrir a la entonces raza poderosa y avasalladora.

Al llegar los españoles e iniciada la conquista, según cuentan los cronistas de la época, una mujer igualmente vestida de blanco y con las negras crines de su pelo tremolando al viento de la noche, aparecía por el Sudoeste de la Capital de la Nueva España y tomando rumbo hacia el Oriente, cruzaba calles y plazuelas como al impulso del viento, deteniéndose ante las cruces, templos, cementerios y las imágenes iluminadas por lámparas votivas en pétreas ornacinas, para lanzar ese grito lastimero que hería el alma.

—¡Aaaaaay mis hijos... Aaaay aaaay! —El lamento se repetía tantas veces como horas tenía la noche la madrugada en que la dama de vestiduras vaporosas jugueteando al viento, se detenía en la Plaza Mayor y mirando hacia Catedral musitaba una larga y doliente oración, para volver a levantarse, lanzar de nuevo su lamento y desaparecer sobre el lago, que entonces llegaba hasta las goteras de la Ciudad y cerca de la traza.

Jamás hubo valiente que osara interrogarla. Todos convinieron en que se trataba de un fantasma errabundo que penaba por un desdichado amor, bifurcando en mil historias los motivos de esta aparición que se transplantó a la época colonial.

Los románticos dijeron que era una pobre mujer engañada, otros que una amante abandonada con hijos, otras la esposa infiel que pagaba así su culpa y otros hubo que bordaron la consabida trama de un noble que engaña y abandona a una hermosa mujer sin linaje.

Lo cierto es que desde entonces se le bautizó como "La Llorona", debido al desgarrador lamento que lanzaba por las calles de la Capital de Nueva España y que por muchos lustros constituyó el más grande temor callejero, pues toda la gente evitaba salir de su casa y menos recorrer las penumbrosas callejas coloniales cuando ya se había dado el toque de queda.

Muchos timoratos se quedaron locos y otros jamás olvidaron la horrible visión de "La Llorona", hombres y mujeres "se iban de las aguas" y cientos y cientos enfermaron de espanto.

Poco a poco y al paso de los años, la leyenda de La Llorona, rebautizada con otros nombres, según la región en donde se aseguraba que era vista, fue tomando otras nacionalidades y su presencia se detectó en el Sur de nuestra insólita América en donde se asegura que todavía aparece fantasmal, enfundada en su traje vaporoso, lanzando al aire su terrífico alarido, vadeando ríos, cruzando arroyos, subiendo colinas y vagando por cimas y montañas.

Así le han visto pasar y cruzar plazas y calles de Colombia, Ecuador, Venezuela, Costa Rica, Guatemala y muchos más.

# LA MUJER XTABAY

Los mayas de Yucatán son sin duda alguna, quienes mejor han conservado su idioma. Si no pueden interpretar, como tampoco lo ha hecho nadie en el mundo, sus complicados jeroglíficos, verdaderos retos ideográficos, si mantienen vivo su idioma lleno de giros y genuflexiones extraordinarios y en su fonética han sabido copiar el vuelo del murciélago dzib y lo que dice el pájaro Puhuy. Temen al temible Kakazbal y a los Aluxes, pequeños duendecillos del bosque y de las siembras, porque ellos, los mayas, no han permitido aún la corrupción idiomática que introdujeron los hispanos que vinieron a hacer confuso todo lo relativo al suelo que en mal día hollaron.

De esta forma se ha conservado intacta la hermosa leyenda, una de las más lindas, bellas leyendas yucatecas de las miles y miles que flotan como el perfume de la flor Xtabentún en el viento tibio del Mayab, o se esconden en las profundidades cavernosas de los cenotes de donde sale el agua fresca y clara y los cuentos que perduran en el alma yucateca. Esa leyenda es la que se refiere a la mujer Xtabay.

Bajo la luna del antiguo Mayapan, al socaire de los asombrosos templos de los itzaes, he oído repetida esta leyenda sin que nadie le quite o le aumente a su albedrío, sin que ninguno ose deformarla y así, como joya de milagrería se conserva para deleite de quien oye o de quien lee esta historia que como muchas, no se ha borrado, no se borrará jamás, porque ha quedado inscrita en los libros antiguos y en las páginas sagradas del recuerdo Maya.

Dice pues la leyenda que la mujer Xtabay es una mujer hermosa, inmensamente bella que suele aguardar al viajero que por las noches se aventura en los caminos del Mayab. Sentada al pie de la más frondosa ceiba del bosque, lo atraé con cánticos, con frases dulces de amor, lo seduce, lo embruja y cruelmente lo destruye. Los cuerpos destrozados de esos incautos enamorados aparecen al día día siguiente con las más horribles huellas de rasguños, de mordidas y con el pecho abierto por unas como garras.

Muchos ladinos, gentes que desconocen el origen verdadero de la mujer Xtabay, han dicho que es hija de la Ceiba, que nace de sus torcidas y serpentinas raíces, pero eso no es verdad, la auténtica tradición maya dice que la mujer Xtabay nace de una planta espinosa, punzadora y mala y si es que la Xtabay aparece junto a las ceibas, es porque este árbol es sagrado para los hijos de la tierra del faisán y del venado y muchas veces en cobijo y sombra, se acogen bajo sus ramas, confiados en la protección de tan bello y útil árbol.

Vivían en un cierto pueblo de la península yucateca, dos mujeres siendo el nombre de una de ellas Xkeban o mejor decir su apodo ya que Xkeban quiere decir prostituta, mujer mala o dada al amor ilícito. Decían que la Xkeban estaba enferma de amor y de pasión y que todo su afán era prodigar su cuerpo y su belleza que eran prodigiosos, a cuanto mancebo se lo solicitaba. Su verdadero nombre era Xtabay.

Muy cerca de la casa que ocupaba esta bellísima mujer, habitaba en otra casa bien hecha, limpia y arreglada continuamente, la consentida del pueblo que llamaban Utz-Colel, que en la traducción hispana sería mujer buena, mujer decente y limpia. Érase esta mujer la Utz-Colel, virtuosa y recta, honesta a carta cabal y jamás había cometido ningún desliz ni el mínimo pecado amoroso.

La Xtabay tenía un corazón tan grande, como su belleza y su bondad la hacía socorrer a los humildes, amparar al necesitado, curar al enfermo y recoger a los animales que abandonaban por inútiles. Su grandeza de alma la llevaba hasta poblados lejanos a donde llegaba para auxiliar al enfermo y se despojaba de las joyas que le daban sus enamorados y hasta de sus finas vestiduras para cubrir la desnudez de los desheredados.

Jamás levantaba la cabeza en son altivo, nunca murmuró ni criticó a nadie y con absoluta humildad soportaba los insultos y humillaciones de las gentes.

En cambio bajo las ropas de la Ut-Colel se dibujaba la piel dañina de las serpientes, esa fría, orgullosa, dura de corazón y nunca jamás socorría al enfermo y sentía repugnancia por el pobre.

Y ocurrió que un día las gentes odiosas del pueblo no vieron salir de su casa a la Xkeban y supusieron que andaba por los pueblos ofreciendo su cuerpo y sus pasiones indignas. Se contentaron de poder descansar de su ignominiosa presencia, pero transcurrieron días y más días y de pronto por todo el pueblo se esparció un fino aroma de flores, un perfume delicado y exquisito que lo invadía todo. Nadie se explicaba de dónde emanaba tan precioso aroma y así, buscando, fueron a dar a la casa de la Xkeban a la que hallaron muerta, abandonada, sola.

Más lo extraordinario era que si la Xkeban no estaba acompañada de personas, varios animales cuidaban de su cuerpo del que brotaba aquel perfume que envolvía al pueblo.

Enterada la Utz-Colel dijo que esa era una vil mentira, ya que de un cuerpo corrupto y vil como el de la Xkeban, no podía emanar sino podredumbre y pestilencia, más que si tal cosa era como todos los vecinos decían, debía ser cosa de los malos espíritus, del dios del mal que así continuaba provocando a los hombres.

Agregó la Utz-Colel que si de mujer tan mala y perversa escapaba en tal caso ese perfume, cuando ella muriera el perfume que escaparía de su cuerpo sería mucho más aromático y exquisito.

Más por compasión, por lástima y por un deber social, un grupo de gentes del poblado fue a enterrar a la Xkeban y cuéntase que al día siguiente, su tumba estaba cubierta de flores aromáticas y hermosas, tan tapizado estaba el túmulo que parecía como si una cascada de olorosas florecillas hasta entonces desconocidas en el Mayab, hubiera caído del cielo. La tumba de la Xkeban duró todo el tiempo florecida y olorosa.

Poco después murió la Utz-Colel y a su entierro acudió todo el pueblo que siempre había ponderado sus virtudes, su honestidad, su recogimiento y cantando y gritando que había muerto virgen y pura, la enterraron con muchos lloros y mucha pena.

Entonces recordaron lo que había dicho en vida, acerca de que al morir, su cadáver debería exhalar un perfume mucho mejor que el de la Xkeban, pero para asombro de todas las gentes que la creían buena y recta, comprobaron que a poco de enterrada comenzó a escapar de la tierra floja todavía, un hedor insoportable, el olor nauseabundo a cadáver putrefacto. Toda la gente se retiró asombrada.

En su idioma maya dicen los viejos que aún cuentan la historia con todos los detalles que debió ocurrir en la leyenda, que hoy la florecilla que naciera en la tumba de la pecadora Xkeban, es la actual flor Xtabentún, que es una florecilla tan humilde y bella, que se da en forma silvestre en las cercas y caminos, entre las hojas buidas y tersas del agave. El jugo de esa florecilla embriaga muy agradablemente, como debió ser el amor embriagador y dulce de la Xkeban.

Tzacam, que es el nombre de un cactus erizado de espinas y de mal olor por ambas cosas intocable, es la flor que nació sobre la tumba de la Utz-Colel, es la florecilla si bien hermosa sin aroma alguna y a veces de olor desagradable, como era el carácter y la falsa virtud de la Utz-Colel.

Esto es lo que ha dicho el maya y lo sigue repitiendo a través del tiempo, sin cambiarlo, sin ponerlo ni quitarle, como deben conservarse las cosas nuestras, intactas, con las mismas palabras con que nacieron en el mito, en la leyenda, en el alma de quienes tan dulcemente han tejido estas historias.

No es pues la Xtabay la mujer mala que destruye a los hombres después de atraerlos con engaños al pie de las frondosas ceibas, pero puede ser otro de esos malos espíritus que rondan por la selva al acecho del peregrino que cruza los caminos aún poblados de superstición y de leyenda.

Puede ser el alma errante de una de tantas vírgenes sacrificadas a la orilla del cenote sagrado, puede ser la vaporosa figura de una mujer que llora el engaño del amado.

Pero la Xtabay, jamás.

Esto dicen las mayas, esto han contado y seguirán contando los hombres de esa tierra en donde conservan el ritual de un relato y defienden sus costumbres de una intromisión que aniquiló su cultura.

# QUETZALCOATL

La aparición en Mesoamérica y específicamente en el Anáhuac, de este personaje alto, rubio, blanco, barbado y de profunda cultura ha dado margen a la creación de varios mitos y leyendas que los antropólogos, científicos y exploradores extranjeros han entretejido de una maraña cada vez más difícil de desenredar. En la mitología Tlahuica, tan confusa como la Griega, se borda una historia con respecto a Quetzalcoatl, semejante a la del nacimiento del Rey Salomón, pues se dice en los antiguos códices que Quetzalcoatl fue hijo de una mujer virgen llamada Chimalma y del Rey-Dios Mixcoatl, monarca de Tollán. Que avergonzada por haber dado a luz sin matrimonio, Chimalma puso en una cesta al niño y lo arrojó al río (no se sabe a cual) y que unos ancianos lo criaron y educaron, habiendo llegado a ser un hombre sabio y culto que al regresar a Tollán, se hizo cargo del gobierno.

Por otra parte se dice que Quetzalcoatl fue un hombre rubio, blanco, alto, barbado y de grandes conocimientos científicos, que enseñó a los pobladores de lo que hoy es México, a labrar los metales, orfebrería, lapidaria, astrología, etc., aunque jamás se llegó a saber su nacionalidad y su procedencia. Cuéntase que habiendo bebido el suave neutle (pulque) se emborrachó y cometió actos bochornosos después de lo cual decidió marcharse para siempre tomando el rumbo del Golfo de México o Mar de las Turquesas.

En un suicidio ceremonial al cual le acompañaron cuatro mancebos sus discípulos, se hundió para siempre, renaciendo como la estrella de la Mañana y posteriormente adoptando el nombre de Quetzalcoatl, que quiere decir serpiente emplumada o serpiente de plumaje hermoso.

Los Mayas adoptaron a Quetzalcoatl como deidad, pues hasta allá llevó sus conocimientos y su cultura pasmosa, colocándole el nombre de Kukulcan, que quiere decir lo mismo, serpiente emplumada o Votán (que debe haber sido su nombre real) y recibieron de él las más sabias enseñanzas tanto religiosas como políticas y artísticas.

Se dice que los Toltecas, Nahoas y Mayas lo deificaron y colocaron su símbolo en todos los palacios, monumentos y templos de la zona Maya y Mesoamérica en donde aún puede verse, en recuerdo y veneración de este sabio, que según la tradición mayense, subió al panteón y se convirtió en la estrella Venus, que también es así identificado por los fantasiosos arqueólogos.

Ahora bien, cuando las huestes hispanas llegaron a las tierras veracruzanas al mando del capitán extremeño Hernán Cortés, y según nos cuenta en sus muy sabrosas crónicas Bernal Díaz del Castillo, se encontraron con una gran sorpresa que en esos días de codicias y rapiñas desmedidas no le dieron la importancia que tenía y hoy aún, debe tener. Relata el soldado cronista que llegados a las costas de lo que sería La Nueva España, el Emperador Moctezuma envió unos tendiles llevando regalos, oro y joyas y muchos ricos presentes que lejos de hacer que Cortés volviera proa a la mar, lo tentó en ambiciones. Uno de estos tendiles al ver que uno de los soldados de Cortés tenía un casco de latón, que brillaba al sol, pidió verlo y examinarlo, diciendo que hacía muchos, muchos años, había llegado a la Gran Tenochtitlán un hombre rubio, barbado y blanco portando un casco semejante; que al marcharse se los había regalado y los sacerdotes lo colocaron en la cabeza del ídolo representativo del Dios Huitzilopochtli. Pidió que se le prestara el casco para cotejarlo con el que tenía puesto su Dios.

Y resultó que el casco dorado que tenía el Dios, era igual al del soldado hispano, sólo que tenía en ambos lados unos cornezuelos al estilo de los cascos vikingos.

Aquél tendil no solamente llevó ante Hernán Cortés el dicho casco dorado, sino también a un hombre blanco, alto, barbado y rubio que se parecía mucho al conquistador, diciendo que su nombre era Quintalbor, que de ninguna manera es nombre mexicano, maya o correspondiente a ninguno de los idiomas que se hablaban en el Nuevo Mundo. Pero en lugar de examinar detenidamente el casco y si lo hicieron no fue consignada en ninguna de las cartas de relación, tomaron a chunga y relajo la presencia de aquel hombre barbado, rubio y blanco idéntico a don Hernán Cortés, grado de parecer su hijo o su gemelo y desde ese momento lo llamaron Don Cortés.

Al llegar los conquistadores a la fabulosa Ciudad de Tenochtitlán, sacerdotes y principales hablaban de un hombre rubio y barbado semejante a ellos, que hacía muchos años había estado entre ellos y les había predicho que un día llegarían al país hombres barbados y con armas poderosas para esclavizar al señorío.

Moctezuma, que según nos cuenta la historia era un monarca medroso, pusilánime, creyó que con la llegada de Hernán Cortés y su puñado de rapaces se cumplía la profecía y casi dejó en manos del puñado de horca hispano, el destino de su reino, de su imperio.

Ahora bien, es de suponerse que Quetzalcoatl no fue aquel misterioso hombre barbado, posiblemente nórdico, que dejó como recuerdo su casco de vikingo, ya que en ese entonces la Europa no poseía la cultura ni los conocimientos numéricos y calendáricos que poseían los mayas y el mito y la leyenda se entretejen en una urdimbre impenetrable, se confunden debido a los estudios antropológicos y arqueológicos hechos en su mayoría por extranjeros. Tal vez Tollán si tuvo un gobernante sabio y bueno al que llamaron Quetzalcoatl, hijo de Chimalma y el Rey-Dios Mixcoatl, pero también es muy posible que los sacerdotes y astrónomos de entonces, al observar los cielos en la forma en que lo hacían, hayan descubierto que el mundo, su mundo, formaba parte de la Vía Láctea, de esta enorme galaxia que hoy conocemos y de la cual formamos parte y a la cual daban por nombre Ixtacmixcoatl que quiere decir "Serpiente salpicada de piedras preciosas o luceros", serpiente incrustada de diamantes. Y después de sus observaciones le hayan puesto Quetzalcoatl, serpiente de plumas hermosas y extendido su culto a los habitantes de Mesoamérica. De allí que en los portentosos edificios de esa antigüedad se hayan esculpido esos símbolos y reverenciado como deidad, pues a ningún hombre por sabio que haya sido, se le dio jamás el rango de Dios.

Por último y finalizando así la leyenda y el mito, al relato y a las elucubraciones, es preciso asentar que según algunos arqueólogos, jamás existió la serpiente emplumada, que sería absurdo una mezcla o yuxtaposición con fines religiosos, de un ave preciosa y un reptil.

Lo que ocurrió y a esto puede y debe darse el mayor crédito, es que los hombres de aquella civilización tan avanzada, en su sublimación artística, esculpieron una serpiente con penacho, con garras de jaguar y crearon una figura monstruosa y bella a la vez, como el mítico dragón de los chinos en el cual quieren enredar al misterioso y barbado rubio peregrino, que por lo menos, ya que su cultura debió haber sido casi completa, pudo haber dejado escrito su nombre y el de su país en alguno de los muros, frescos o bajorrelieves de templos y palacios.

Así volvemos a lo mismo. Quetzalcoatl hombre, Quetzalcoatl Dios, amalgama absurda de las generaciones actuales. Incomprensión de lo misterioso de aquellos pueblos que han dado margen a una de las leyendas más difundidas en América y en el mundo.

# LA CASA DEL TRUENO

Cuentan los viejos que entre Totomoxtle y Coatzintlali existía una caverna en cuyo interior los antiguos sacerdotes habían levantado un templo dedicado al Dios del Trueno, de la lluvia y de las aguas de los ríos. Eran tiempos en los que aún no llegaban los hispanos ni las portentosas razas, conocidas hoy por totonacas, que poblaron un lugar de Veracruz que después llamaron Totonacan. Y siete sacerdotes se reunían cada tiempo en que era menester cultivar la tierra y sembrar las semillas y cosechar los frutos, siete veces invocaban a las deidades de esos tiempos y gritaban entonaban cánticos a los cuatro vientos o sea hacia los cuatro puntos cardinales, porque según las cuentas esotéricas de esos sacerdotes, cuatro por siete eran 28 y veintiocho días componen el ciclo lunar.

Siguen diciendo las viejas crónicas que se han convertido en asombrosas leyendas, que esos viejos sacerdotes hacían sonar el gran tambor del trueno y arrastraban cueros secos de animales por todo el ámbito de la caverna y lanzaban flechas encendidas al cielo. Y poco después atronaban el espacio furiosos truenos y los relámpagos cegaban a los animales de la selva y a las especies acuáticas que moraban en los ríos.

Llovía a torrentes y la tempestad rugía sobre la cueva durante muchos días y muchas noches y había veces en que los ríos Huitizilac y el de las mariposas, Papaloapan, se desbordaban cubriendo de agua y limo las riberas y causando inmensos desastres. Y cuanto más arrastraban los cueros mayor era el ruido que producían los torrentes y cuanto más se golpeaba el gran tambor ceremonial, mayor era el ruido de los truenos y cuanto más relámpagos significaba mayor número de flechas incendiarias.

Pasaron los siglos...

Y un día arribaron al lugar grupos de gentes ataviadas de un modo singular, trayendo consigo otras costumbres, y otras leyes y otras religiones. Se decían venidos de otras tierras allende el gran mar de turquesas (Golfo de México) y tanto hombres, como mujeres y niños, tenían la característica de estar siempre sonriendo como si fueran los seres más felices de la tierra y tal vez esa alegría se debía a que después de haber sufrido mil penurias en las aguas borrascosas de un mar en convulsión, habían por fin llegado a las costas tropicales, donde había de todo, así frutos como animales de caza, agua y clima hermoso.

Se asentaron en ese lugar al que dieron por nombre, en su lengua Totonacan y ellos mismos se dijeron totonacas.

Pero los sacerdotes, los siete sacerdotes de la caverna del trueno no estuvieron conformes con aquella invasión de los extranjeros que traían consigo una gran cultura y se fueron a la cueva a producir truenos, relámpagos, rayos, lluvia y torrenciales aguaceros con el fin de amedrentarlos.

En los antiguos registros que los milenios han borrado, se dice que llovió mucho y durante varios días y sus noches, hasta que alguien se dió cuenta de que esas tempestades las provocaban los siete hechiceros, los siete sacerdotes de la caverna de los truenos.

No siendo amigos de la violencia, los totonacas los

embarcaron en un pequeño bajel y dotándoles de provisiones y agua los lanzaron al mar de las turquesas en donde se perdieron para siempre.

Pero ahora era preciso dominar a esos dioses del trueno y de las lluvias para evitar el desastre del pueblo totonaca recién asentado y para el efecto se reunieron los sabios y los sacerdotes y gentes principales y decidieron que nada podría hacerse contra esas fuerzas que hoy llamamos sencillamente naturales y que sería mejor rendirles culto y pleitesía, adorar a esos dioses y rogarles fueran magnánimos con ese pueblo que acababa de escapar de un monstruoso desastre.

Y en ese mismo lugar en donde había el templo y la caverna y se ejercía el culto al Dios del Trueno, los totonacas u hombres sonrientes levantaron el asombroso templo del Tajín, que en su propia lengua quiere decir lugar de las tempestades. Y no sólo se rindió culto al Dios del Truenos sino que se le imploró durante 365 días, como número de nichos tiene este pasmoso monumento invocando el buen tiempo en cierta época del año, y la lluvia, cuando es menester fertilizar las sementeras.

Hoy se levanta este maravilloso templo conocido en todo el mundo como pirámide o tempió de El Tajín, en donde curiosamente parecen generarse las tempestades y los truenos y las lluvias torrenciales.

Así nació la pirámide de El Tajín, levantada con veneración y respeto al Dios del Trueno, adorado por aquellas gentes que vivieron mucho antes de la llegada de los extranjeros, mucho antes de la llegada de los totonacas, cuando el mundo parecía comenzar a existir...

# LA LEYENDA DE LOS VOLCANES

Las huestes del Imperio azteca regresaban de la guerra.

Pero no sonaban ni los teponaxtles ni las caracolas, ni el huéhuetl hacía rebotar sus percusiones en las calles y en los templos. Tampoco las chirimías esparcían su aflautado tono en el vasto valle del Anáhuac y sobre el verdiazul espejeante de los cinco lagos (Chalco, Xochimilco, Texcoco, Ecatepec y Tzompanco) se reflejaba un menguado ejército en derrota. El caballero águila, el caballero tigre y el que se decía capitán coyote traían sus rodelas rotas y los penachos destrozados y las ropas tremolando al viento en jirones ensangrentados.

Allá en los cúes y en las fortalezas de paso estaban apagados los braseros y vacíos de tlecáxitl que era el sahumerio ceremonial, los enormes pebeteros de barro con la horrible figura de Texcatlipoca, el dios cojo de la guerra. Los estandartes recogidos y el Consejo de los Yopica que eran los viejos y sabios maestros del arte de la estrategia, aguardaban ansiosos la llegada de los guerreros para oír de sus propios labios la explicación de su vergonzosa derrota.

Hacía largo tiempo que un grande y bien armado

contingente de guerreros aztecas había salido en son de conquista a las tierras del Sur, allá en donde moraban los Ulmecas, los Xicalancas, los Zapotecas y los Vixtotis a quienes era preciso ungir al ya enorme señorío del Anáhuac. Dos ciclos lunares habían transcurrido y se pensaba ya en un asentamiento de conquista y sin embargo ahora regresaban los guerreros abatidos y llenos de vergüenza. Durante dos lunas habían luchado con denuedo, sin dar ni pedir tregua alguna, pero a pesar de su valiente lucha y sus conocimientos de la guerra aprendidos en el Calmecac, que era así llamada la Academia de la Guerra, volvían diezmados, con las mazas rotas, las macanas desdentadas, maltrechos los escudos aunque ensangrentados con la sangre de sus enemigos.

Venía al frente de esta hueste triste y desencantada, un guerrero azteca que a pesar de las desgarraduras de sus ropas y del revuelto penacho de plumas multicolores, conservaba su gallardía, su altivez y el orgullo de su estirpe.

Ocultaban los hombres sus rostros embijados y las mujeres lloraban y corrían a esconder a sus hijos para que no fueran testigos de aquel retorno deshonroso. Sólo una mujer no lloraba, atónita miraba con asombro al bizarro guerrero azteca que con su talante altivo y ojo sereno quería demostrar que había luchado y perdido en buena lid contra un abrumador número de hombres de las razas del Sur.

La mujer palideció y su rostro se tornó blanco como el lirio de los lagos, al sentir la mirada del guerrero azteca que clavó en ella sus ojos vivaces, oscuros. Y Xochiquétzal, que así se llamaba la mujer y que quiere decir hermosa flor, sintió que se marchitaba de improviso, porque aquel guerrero azteca era su amado y le había jurado amor eterno.

Se revolvió furiosa Xichoquétzal para ver con odio

profundo al tlaxcalteca que la había hecho su esposa una semana antes, jurándole y llenándola de engaños, diciéndole que el guerrero azteca, su dulce amado, había caído muerto en la guerra contra los zapotecas.

—¡Me has mentido, hombre vil y más ponzoñoso que el mismo Tzompetlácatl, —que así se llama el escorpión—, me has engañado para poder casarte conmigo. Pero yo no te amo porque siempre lo he amado a él y él ha regresado y seguiré amándolo, para siempre!

Xochiquétzal lanzó mil denuestos contra el falaz tlaxcalteca y levantando la orla de su huipil echó a correr por la llanura, gimiendo su intensa desventura de amor.

Su grácil figura se reflejaba sobre las irisadas superficies de las aguas del gran lago de Texcoco, cuando el guerrero azteca se volvió para mirarla. Y la vio correr seguida del marido y pudo comprobar que ella huía despavorida. Entonces apretó con furia el puño de la macana y separándose de las filas de guerreros humillados se lanzó en seguimiento de los dos.

Pocos pasos separaban ya a la hermosa Xochiquétzal del marido despreciable cuando les dio alcance el guerrero azteca.

No hubo ningún intercambio de palabras porque toda palabra y razón sobraba allí. El tlaxcalteca extrajo el venablo que ocultaba bajo la tilma y el azteca esgrimió su macana dentada, incrustada de dientes de jaguar y de Coyámetl que así se llamaba al jabalí.

Chocaron el amor y la mentira.

El venablo con erizada punta de pedernal buscaba el pecho del guerrero y el azteca mandaba furioso golpes de macana en dirección del cráneo de quien le había robado a su amada haciendo uso de arteras engañifas.

Y así se fueron yendo, alejándose del valle, cruzando en la más ruda pelea entre lagunas donde saltaban los ajolotes y las xochócatl que son las ranitas verdes de las orillas limosas.

Mucho tiempo duró aquél duelo.

El tlaxcalteca defendiendo a su mujer y a su mentira.

El azteca el amor de la mujer a quien amaba y por quien tuvo arrestos para regresar vivo al Anáhuac.

Al fin, ya casi al atardecer, el azteca pudo herir de muerte al tlaxcalteca quien huyó hacia su país, hacia su tierra tal vez en busca de ayuda para vengarse del azteca.

El vencedor por el amor y la verdad regresó buscando a su amada Xochiquétzal.

Y la encontró tendida para siempre, muerta en mitad del valle, porque una mujer que amó como ella no podía vivir soportando la pena y la vergüenza de haber sido de otro hombre, cuando en realidad amaba al dueño de su ser y le había jurado fidelidad eterna.

El guerrero azteca se arrodilló a su lado y lloró con los ojos y con el alma. Y cortó maravillas y flores de xoxocotzin con las cuales cubrió el cuerpo inamimado de la hermosa Xochiquétzal. Corono sus sienes con las fragantes flores de Yoloxóchitl que es la flor del corazón y trajo un incensario en donde quemó copal. Llegó el zenzontle también llamado Zenzontletole, porque imita las voces de otros pajarillos y quiere decir 400 trinos, pues cuatrocientos tonos de cantos dulces lanza esta avecilla.

Por el cielo en nubarrones cruzó Tlahuelpoch, que es el mensajero de la muerte.

Y cuenta la leyenda que en un momento dado se estremeció la tierra y el relámpago atronó el espacio y ocurrió un cataclismo del que no hablaban las tradiciones orales de los Tlachiques que son los viejos sabios y adivinos, ni los tlacuilos habían inscrito en sus pasmosos códices. Todo tembló y se anubló la tierra y cayeron piedras de fuego sobre los cinco lagos, el cielo se hizo tenebroso y las gentes del Anáhuac se llenaron de pavura.

Al amacener estaban allí, donde antes era valle, dos

montañas nevadas, una que tenía la forma inconfundible de una mujer recostada sobre un túmulo de flores blancas y otra alta y elevada adoptando la figura de un guerrero azteca arrodillado junto a los pies nevados de una impresionante escultura de hielo.

Las flores de las alturas que llaman Tepexóchitl por crecer en las montañas y entre los pinares, junto con el aljófar mañanero, cubrieron de blanco sudario las faldas de la muerta y pusieron alba blancura de nieve hermosa en sus senos y en sus muslos y la cubrieron toda de armiño.

Desde entonces, esos dos volcanes que hoy vigilan el hermoso valle del Anáhuac, tuvieron por nombres Iztaccihuatl que quiere decir Mujer Dormida y Popocatepetl, que se traduce por montaña que humea, ya que a veces suele escapar humo del inmenso pebetero.

En cuanto al cobarde y engañador tlaxcalteca, según dice también esta leyenda, fue a morir desorientado muy cerca de su tierra y también se hizo montaña y se cubrió de nieve y le pusieron por nombre Poyauteclat, que quiere decir Señor Crepuscular y posteriormente Citlaltepetl o cerro de la estrella y que desde allá lejos vigila el sueño eterno de los dos amantes a quienes nunca podrá ya separar.

Eran los tiempos en que se adoraba al dios Coyote y al Dios Colibrí y en el panteón azteca las montañas eran dioses y recibían tributos de flores y de cantos, porque de sus faldas escurre el agua que vivifica y fertiliza los campos.

Durante muchos años y poco antes de la conquista, las doncellas muertas en amores desdichados o por mal de amor, eran sepultadas en las faldas del Iztaccihuatl, de Xochiquétzal, la mujer que murió de pena y de amor y que hoy yace convertida en nívea montaña de perenne armiño.

# LA ATLÁNTIDA

La leyenda de la Atlántida es Universal y todos los pueblos del mundo aceptan como hecho, la existencia hace milenios y milenios, de este maravilloso continente cuya cultura dejó escrita en vagos relatos Homero y los grandes escritores e historiadores de la antigüedad.

El Océano Atlántico se conecta con la Atlántida, porque se dice y asegura que allí existió este enorme continente hundido para siempre; Atl, que significa agua en lengua náhuatl, también se identifica con ese nombre fabuloso Atl-Atlántida y se cree que de allí vino su voz. Sin embargo, nadie hasta ahora ha podido ubicar con certeza el lugar del mar o de la tierra en donde estuvo La Atlántida, que aseguran fue un país de maravillas, de gran cultura y adelantos científicos.

Se dice que la raza atlante desapareció para siempre tragada en forma inmisericorde por las aguas, en medio de un cataclismo espantoso, tan tremendo y destructor como el mismo diluvio y sin embargo, relatos y leyendas aventuradas hacen suponer que algunas de las razas y pueblos que llegaron a Mesoamérica, —especialmente la maya—, fueron originarios del continente perdido.

Esta aseveración se presta a discusiones y agrias polémicas, puesto que se asegura que los teotihuacanos fueron también atlantes y que los olmecas y que los mixtecos y que muchos habitantes de América antes de la conquista, llegaron de La Atlántida.

El obstáculo principal para aceptar esta teoría, la presenta el lenguaje, pues la lengua hablada por mayas, toltecas, mixtecos, zapotecas, totonacas, teotihuacanos y olmecas eran y siguen siendo distintas y sus culturas también aunque se han encontrado ciertas semejanzas tanto en sus cuestiones políticas como religiosas. Pero es que tanto el antropólogo, como el arqueólogo, como el investigador, piensan en La Atlántida como un solo continente, con una misma cultura y un mismo idioma, unas mismas costumbres y una sola religión y no hay cosa más equivocada, puesto que La Atlántida fue un Continente inmenso que se sumergió en las aguas pero en el cual estaban asentadas varias naciones que hablaban distintas lenguas y tenían varias costumbres y culturas.

Pueden ser entonces descendientes o supervivientes de aquellos atlantes, los pueblos que arribaron a Mesoamérica trayendo sus pasmosas culturas que aún hoy asombran a los más eruditos y los llenan de interrogantes con respecto a cómo pudieron hacer esto y como lograr aquellos prodigios de edificios, de tallado escultórico, de transporte de pesadísimos monolítos y de material de construcción. Cómo llegaron al conocimiento de la astronomía y la aritmética, y el calendario y las artes y la orfebrería.

Aceptado esto, debe echarse por tierra la idea de que los cultos y maravillosos pobladores de Mesoamérica, no fueron producto de la evolución, que no saltaron de las chozas o de las tribus nómadas a un asentamiento cultural asombroso, pues tal cosa no se logra en unos miles de años.

¿En dónde estuvo y existió pues la Atlántida?

Cuentan los viejos más viejos que los viejos, que allá en los tiempos remotos, cuando el mundo y el mar tenían otra forma, florecieron por el lado Poniente o sea el Mar Pacífico, una formidable cultura que se localizaba en el Continente de Lemuria. Los lemures fueron tipos que habían llegado a una casi perfección en leyes, artes, cultura, religión, sociedad, etcétera.

Por el lado del Oriente o el pavoroso Mar Atlántico, estaba el inmenso continente de La Atlántida, en donde también se había alcanzado un alto grado de madurez cultural, artística, política y de organización social y religiosa. Se trabajaban los metales preciosos y las piedras finas.

Entonces ocurrió el más formidable cataclismo de que se tenga memoria. Se levantaron los mares, se revolvieron las montañas, se hundieron los continentes y surgieron otras tierras y en medio de ese caso espantoso, algunos lograron sobrevivir, escapar entre los océanos tormentosos abordo de bajeles abordados a última hora y con gran premura.

Como es lógico suponer, los lemures arribaron a las costas de lo que hoy es América, en sus costas del Océano Pacífico, que desde entonces yace quieto y azul. Llevaron sus costumbres y cultura y se asentaron en tierras que fueron de Incas, en la Isla de Pascua, a lo largo de las costas que les brindaron asilo y protección, lugar para un nuevo asentamiento.

Por el Golfo de México que es hoy, arribaron varios grupos de La Atlántida, hombres miembros de pueblos de la misma tierra pero de distintas naciones y esos pueblos se llamaron olmecas, procedentes de Olman, tierra del hule, los mayas, los totonacas, los mixtecas o zapotecas. De allí ciertas diferencias étnicas y de lengua y de costumbres, de cultura. Los teotihuacanos se adentraron hasta el altiplano, por temor a un nuevo cataclismo que pudiera barrer las costas, buscando la seguridad de una altura que los mantuviera al margen de un nuevo desastre.

Tal dicen los viejos más viejos que los viejos, que no dejaron crónicas escritas ni talladas de este suceso, porque todos estos pueblos lo sabían y conocían. No hay detalles de esta arribazón de gentes procedentes de La Atlántida y todos son atlantes como hoy pudieran ser europeos los alemanes, franceses, ingleses, italianos, etc., que no son idénticos ni en lenguas, ni en costumbres, ni en sangre.

De allí la divergencia también de las dos culturas correspondientes a las costas americanas, la peruana, la inca, los viricochas, los gigantes del Machu Pichu, la cultura del valle de Nasca, los colosales monolitos y construcciones de Tiahuanaco, en fin.

Dicen los viejos más viejos que los viejos que todo esto sucedió mucho antes de que los chichimecas, los otomíes y esas tribus nómadas se unieran en un plan belicoso y destructor, para apoderarse de los grandes centros culturales y religiosos y destruir esas asombrosas civilizaciones de las que por fortuna aún nos quedan vestigios sorprendentes.

Esta puede ser la explicación de las grandes incógnitas de los calendarios, de los numerales, de las cuestiones astronómicas de cómo pudieron trasladar enormes piedras, bloques, monolitos y construir altos edificios, haciendo uso de su gran conocimiento de la hidráulica, de la física, de la mecánica y de todos esos elementos que les facilitaron esas obras titánicas.

Todo esto cuentan los viejos más viejos que los viejos y aseguran que lo contaban los olmecas, única raza de la cual no se conservan escritos, de la que se desconoce su lenguaje y sus caracteres ideográficos, porque decían con gran razón, que todos los pueblos sabían su origen, su tragedia y nadie olvidaba el gran cataclismo que los arrojó a estas playas.

Eran tiempos en que el mar no estaba en donde está y la tierra tenía diversas formas, unas formas distintas a las actuales. Esta es la leyenda que se va deformando y olvidando al paso de los siglos...

# LAS PROFECÍAS DE LA VIEJA MANÍ

Y llegaban hasta las puertas de su humilde choza levantada bajo la sombra de una frondosa ceiba, los grandes señores del Mayab y los sacerdotes y los h'menes que también son adivinos y conocen de augures pero de menor rango; gentes de lejanas comarcas se acercaban caminando por las anchas avenidas adoquinadas y atezadas de piedras blancas calizas y rojas matizadas y todo el pueblo que deseaba conocer las profecías de la Xunci-Maní que quiere decir La Vieja de Maní. Porque los dioses le habían dado el don de la adivinación y la vieja podía ver con sus ojos rugosos y que al devenir de los años y los siglos iban a ocurrir en la tierra del Mayab y de otras tierras.

Y cuando la gente estaba allí toda reunida y hecho el silencio reverente, la Xunci-Maní salía de su choza oscura y tétrica, levantaba las manos en alto y pronunciaba las palabras mágicas que sólo los espíritus del monte podían entender. Si el cielo estaba azul y sereno se llenaba de barruntos, se oscurecía la luz y pesadas tinieblas caían sobre Maní.

Entonces la Xunci-Maní hablaba.

Y a través de su boca desdentada escapaban las más increíbles profecías y cuentan los viejos de entonces y los sabios escribas que así lo registraron en glifos y en figuras pintadas en pieles de venado, que un día quemó un inculto y asombrado obispo, que la Xunci-Maní profetizó todas las cosas que entonces ocurrieron y están ocurriendo y ocurrirán.

Y la vieja de Maní dijo que un día no muy lejano, llegarían a las tierras del Mayab hombres-extraños que diezmarían a la raza y la cubrirían de sangre, de penas y de lloros y que todo cuanto hubiere en la tierra ceñida por el Mar inmenso y el Mar de las Turquesas (Pacífico y Golfo de México), sería destruído y nuevas doctrinas y nuevas costumbres y muchas cosas malas y esclavitud habría.

La llegada de los conquistadores españoles con su inaudita rapiña y la destrucción de la cultura maya y azteca, le dió la razón a la adivina.

Dijo también que llegaría el tiempo en que el hombre no tendría necesidad de caminar, porque extraños animales de movimiento propio lo trasladarían a largas distancias y que llegarían grandes pájaros para llevarlos de un reino a otro sin el menor esfuerzo.

Se entiende que esta profecía de la Xunci-Maní se refiere al automóvil y al avión.

Y cuentan los viejos y así lo escribieron en sus códices y en los templos, que también la Xunci-Maní dijo que el hombre podía hablar con el otro hombre a larga distancia, sin que nadie impidiera el que fuese oído.

Esto se relaciona con el teléfono y demás medios de comunicación inalámbrica.

Asimismo vaticinó la vieja de Maní, que en pueblos lejanos a los que con el paso de los años el hombre del Mayab conocería, se desatarían cruentas guerras y habrá pestes y hambres y sed y muchas necesidades.

Las guerras mundiales están relacionadas con esta profecía.

Pero hay algo más y esto llenó de terror a sacerdotes, h'menes y grandes señores del Mayab, porque dijo la Xunci-Maní que llegaría el día en que el mundo entero (tal vez se refirió al Universo) o solamente a nuestra Tierra, desaparecería y quedaría muerto para siempre, quieto y flotando entre los cielos infinitos, porque siglos antes había ocurrido una catástrofe en que pereció el mundo al ser cubierto por las aguas y sólo quedaron las semillas así de las plantas, animales y del hombre con lo cual volvió a renacer la vida. (¿El diluvio?) pero esta vez el mundo verá su fin por medio de una sequía espantosa.

Poco a poco se irán secando las aguas, así las dulces como las amargas, las saladas y cristalinas como las rebotadas y turbulentas. Todos los hombres caminarán sedientos sobre la faz de la tierra y no hallarán agua para calmar su sed ni para sobrevivir, hombres, mujeres y niños hallarán la muerte más espantosa y los dramas más terribles tendrán lugar a la orilla de las fuentes, de los que antes eran dulces manantiales, en los cenotes y en las sartenejas.

Y tanta sed, tanta sequía agobiará al mundo, que todo se incendiará, se secará y esta vez no podrán sobrevivir ni las semillas ni los recuerdos.

Terminadas las profecías, la Xunci-Maní entraba a su choza y entonces el cielo volvía a ponerse azul, volaba el pájaro E-Pip y la luz volvía a brillar sobre el cielo del Mayab.

Pero nadie osaba preguntarle a la vieja adivina y hechicera cómo debían contarse los tiempos de su profecía, nadie trataba de interrogarla porque todo lo dicho por la Xunci-Maní los llenaba de terror, los sobrecogían esos horrendos vaticinos, ese profetizar entonces inexplicable. Porque en ese entonces aún no llegaba a la Gran Maní, en huída y buscando refugio, la raza Tutul-Kiú.

Pasaron los años y nadie supo cuándo ni cómo murió

la vieja hechicera de Maní. A la llegada de los españoles cuentan que se halló a la vieja petrificada sentada bajo la ceiba en donde estuvo su choza y otros aseguran que no era el cuerpo de la vieja sino una escultura en piedra que alguien esculpió para perpetuar su memoria. El caso es que un día, cierta mañana, el sol sorprendió a la Tunkuluchú (lechuza) grasnando todavía entre el follaje cercano al sitio donde estuviera la choza de la bruja. Alguien que pasó descubrió que la estatua de la mujer había sido decapitada y en el lugar donde estaba la cabeza o sea el cuello, brotaba aún la sangre.

Entonces se escuchó de entre la selva, una voz siniestra, cascada, que decía que el día en que la cabeza de la Xunci-Maní volviera a su sitio, la última de las profecías sería cumplida.

Y como todo lo que se cuenta en esta leyenda ha resultado, todos los hombres del Mayab y del mundo esperan con terror el otro, el verdadero final del mundo que predijo en forma tan horrible la Xunci-Maní o vieja de Maní, allá en las legendarias y misteriosas tierras del Mayab.

# LAS ESTRELLAS ERRANTES

Las estrellas errantes que cruzan los cielos infinitos, esas lluvias de estrellas que en cada país del mundo tienen una leyenda distinta, a cual más hermosa, tuvieron en lo que fuera el Valle del Anáhuac también una bella explicación, porque no fueron estrellas para los antiguos moradores del altiplano, sino almas puras y serenas, gentes, mujeres sobre todo, que en el mundo alcanzaron la perfección íntima, una limpieza de espíritu y no morían.

Convertidas en Xicóatl subían al cielo noche a noche y cruzaban por los cielos ahuyentando a los malos espíritus que devoran a la luna y la comen pedazo a pedazo hasta dejarla oscura.

Esta es la hermosa y tierna leyenda mexicana que nos habla de cómo eran escogidas las Xicóatl o estrellas errantes y por qué y cómo podían morir sus cuerpos humanos.

Se cuenta que allá en los tiempos en que la cuenta de casa, caña y conejo no empezaba, los genios de la noche recorrían las casas del Anáhuac en busca de gentes, sobre todo mujeres, que poseyeran un alma pura, una belleza espiritual que fuera acorde con su figura física y en hallándola la convertían en estrella errante y pasajera de los cielos y si alcanzaba el clímax de la perfección en su labor de cuidar de la luna y esparcir la claridad del amanecer, podían ir a formar parte de la Ixtacmixcoatl "Serpiente salpicada de luceros" que así llamaban a la vía láctea.

Y cuéntase también en esta leyenda que sólo pueden repetir las aguas cantarinas por las noches y los animales nocturnos que esto vieron con asombro, cómo fue descubierto el gran secreto que guardaban los genios y los dioses de las montañas, protectores y guardianes de la luna.

Cuéntase que allá en pasados tiempos, vivía una bellísima y hacendosa mujer, toda virtud, toda honestidad y perfección, llamada Cacahuatzin, que era la esposa de Tepehuaxin. Ambos formaban un buen matrimonio y tenían cuatro hijos. Mientras el marido se dedicaba a cultivar su sementera ella se dedicaba a los trabajos del hogar y a todos los quehaceres que reclamaba su condición de esposa. Buena, abnegada, sencilla, no tenía nadie motivo de queja ni censura.

Todas las noches Cacahuatzin se ponía a hilar el algodón que el esposo le traía y hacía hermosas vestiduras para ella, su esposo y los cuatro hijos y así decía pasarse toda la noche, mientras el marido cansado y los niños dormían un sueño pesado del que no salían hasta que el sol remontaba en el valle.

Más un día el vecino oficioso que nunca falta, se acercó a Tepehuaxin y le dijo:

—Vecino, tu esposa escapa todas las noches de tu casa y se va hasta el cañaveral. La he seguido y he escuchado voces de que habla con alguien y hacen extraños movimientos, después se alejan tal vez en una canoa y se pierden en la oscuridad de la laguna. Debes espiarla, pues temo que te engañe.

Más Tepehuaxin que amaba a su esposa con amor puro y la sabía honesta y virtuosa, fiel y sincera, se resistió a creer lo que el vecino le decía.

Pero tantas veces la repetía esa historia que la semilla de la duda y la desconfianza fue anidando en su pecho de confiado esposo y un día, mientras Cacahuatzin hilaba, él fingió dormirse profunda, muy profundamente.

A poco vio que su bellísima esposa salía timada y silenciosa, cogía una túnica blanca de algodón que brillaba extrañamente y corría hacia el carrizal.

En efecto, oyó voces y algo así como un conjuro y a poco vio que su esposa saltaba, se elevaba sobre las verdes hojas del carrizal de la orilla del lago.

Ciego de ira, pero sin explicarse aquello, tensó la cuerda del arco que llevaba al efecto, colocó la flecha y disparó...

Se oyó un grito lastimero de mujer...

Una blanca ráfaga, segadora como formada por millones de gotas de rocío cruzó el espacio y fue a caer no lejos de alí.

Al caer se oyó un estruendo gigantesco y retumbó la tierra.

Aún asustado pero sorprendido por aquello, Tepehuaxin corrió, para hallar a su mujer que envuelta en una nube de estrellitas, se opacaba, se moría.

Al amanecer el celoso marido levantó el cadáver de su esposa, ya convertida en mujer, en ser humano.

—¡Era una Xicóatl... era una Xicóatl... una estrella errante... vigilante de la luna... ni Yolmiqui... ni yolmiqui... su alma ha muerto... Cacahuatzin ha dejado de ser estrella... ay de mí.

Así fuè como se descubrió el secreto de las estrellas errantes que iluminan el cielo y la alborada, que luchan contra los genios malos que devoran a la luna.

Muchas de esas almas buenas han ido a formar parte de "La Serpiente Cuajada de Luceros", la Ixtacmixcoatl o vía láctea.

Pero muchas según piensan los antiguos al ver caer o cruzar una estrella por el cielo, piensan que son las

Xicóatl, mujeres hermosas, buenas, puras, castas y perfectas.

Tal dice la leyenda.

# EL NAGUAL

Cuenta la leyenda que el Tlachisque era un huehueme o viejo que podía ver el futuro, que conocía por el movimiento de los árboles y los olores que arrastraba el viento, si serían buenas las cosechas, si llovería o si caería de improviso una peste que causaría inmensa mortandad.

Curaba los males que por el mundo dispersaban los brujos y hechiceros que se dedicaban al servicio de los malos espíritus, y cosa extraordinaria, conocía la flor que se da en las profundidades de la tierra, más abajo de las cavernas conocidas, la flor gris-amarilla que revive a los muertos. Ahuyentaba a los brujos malos que eran sus enemigos, ya convirtiéndose en ocelotl, en coyote o en un ser fantasmal de horrible aspecto; muchas veces cuando el brujo malo podía convertirse en guajolote, sostenía con él furibundas peleas sobre los tejados o convertido en perro, luchaba hasta dejar tendido en el suelo al enemigo, porque siempre el Tlachisque resultaba triunfador porque su principal arma era el bien.

Cierto día fue llamado a la choza de un hombre, Cahuicoyo, el cual sufría de una grande hinchazón en la pierna izquierda, tenía fiebre y se convulsionaba, fuertes sudores indicaban su gravedad y pedía al momento le llevaran al Tlachisque.

Llegado el viejo brujo-curandero, examinó la pierna inflamada de Cahuicoyo y punzándole con una espina comenzó a succionar.

A poco brotaba de aquella puntura un líquido sanguinolento y pestífero y a medida que salía, la fiebre bajaba y la hinchazón disminuía.

Tan pronto pudo hablar el enfermo, el Tlachisque le preguntó:

—¿A quién has hecho mal que con daño te ha pagado?

—A nadie—, respondió Cahuicoyo.

—Recuerda bien, pues preciso es pedir perdón a quien ofendiste, pues de otro modo volverá el mal y la fiebre y te llegará la muerte.

—Tú puedes revivirme, devolverme la vida si muero—, dijo jadeante el enfermo.

—Cada vida tiene su término. Si no confiesas qué mal has hecho, yo nada podré hacer por tu cuerpo ni por tu alma.

Cayó el enfermo en postración. El sudor volvía a sus sienes, le escurría por el cuello y sintiendo que el fuego devoraba sus entrañas, se volvió al hechicero para confesarse:

—Tal vez sea ella... Xochitoxtli... me amó y creo que yo también la amaba, pero un día me cansé de sus amores y la abandoné cobardemente. De nada valieron sus lloros y sus gemidos ni el dolor que punzaba su alma... como todo cobarde jamás volví a acordarme de ella.

—¿Y esa punzadura que tienes en la pierna, cómo la recibiste? —preguntó el Tlachisque.

—Caminaba por el peñascal, cuando escuché un silbido, era la señal que me hacía Xochitoxtli para llamarme. Me detuve y sólo vi una sombra, me senté a aguardarla en el mismo sitio en donde solíamos amarnos y de pronto sentí una punzadura... entonces ví que se alejaba entre las rocas una enorme serpiente de cascabel, que reía como ella... como la misma Xochitoxtli... burlándose primero... después llorando.

El Tlachisque guardó silencio, miró hacia el sitio en donde sólo él puede ver y se inclinó después para explicarle al enfermo.

—Esa serpiente era la misma Xochitoxtli, la mujer que abandonaste después de amarla, pues en venenosa serpiente la convirtió el Nagual, que es el brujo al servicio de los espíritus malignos. Yo te sacaré el veneno que te inyectó, pero tu deberás ir a buscar a esa mujer y pedirle perdón.

El Nahual pues era el brujo malo, el ser misterioso y de gran poder infernal, que se convertía en figura de animal según le convenía, que penetraba en las chozas e insuflaba el mal en quienes deseaba y por cuya mala acción le habían pagado. El Nagual era el aire maligno que se metía por las bocas de los niños cuando dormían y les sacaba el alma, les provocaba la muerte.

El Nagual luchaba a veces con ventaja en contra del Tlachisque y su figura monstruosa causaba pavor entre los antiguos habitantes del Anáhuac, de este Anáhuac, pues hay varios, porque en lengua antigua Anáhuac quiere decir cerca o entre las aguas.

Tal vez los conocimientos misteriosos e igualmente poderosos que poseía el Nagual para ejercer sus malas artes, se fueron perdiendo con el tiempo y con los años y los siglos su nombre fue sólo el símbolo de la maldad, de la brujería, de la maldad, porque nadie como el Nagual era tan bueno para echar enfermedades encima de los hombres y mujeres; un soplo, un conjuro, un ritual demoníaco bastaban para secar las sementeras, para causar la muerte de los animales domésticos y de los ixcuintles, canes comestibles. El Nagual sabía desviar los malos vientos y echar sobre los campos y los pueblos y las chozas las enfermedades y las maldiciones. Por eso se le temía.

En las postrimerías del reinado del Nagual y sus maleficios, poco antes de la Colonia y según cuentan más recientes leyendas, todavía existía el Nagual, pero este era un hombre que se ponía sobre el cuerpo desnudo una piel seca de coyote y así recorría los barrios y llegaba a los patios de las chozas de donde se llevaba el nixtamal (maíz caliente con agua y cal para moler y hacer las tortillas), así como varios alimentos, carnes y maíz. En algunas ocasiones, algunos osados que trataron de defender sus objetos y pertenencias, lanzaron flechas certeras contra el Nagual pero las flechas rebotaban porque al demonio del mal no se le puede herir, menos matar. Lo que ocurría era que la piel reseca y dura no dejaba que las flechas disparadas con temor, la penetraran.

Así adquirió fama de inmortal este ser llamado Nagual y que no fue sino un vil ladrón nocturno y tal cosa la confirmaron más tarde y así la dejaron escrita los antiguos cronistas y registradores de leyendas, al escribir en sus sabrosas crónicas llenas de colorido y superstición, que cierta noche los alguaciles dieron muerte a lancetazos, a un individuo que habiendo fabricado una figura de animal, a base de las flexibles hojas del tule, se introducía en su interior y así, caminando en cuatro patas, fingía ser un Nagual, un animal invulnerable y espantoso, todo para poder robar frutas, alimentos, ropas y hasta doncellas.

¿Existieron en verdad el Tlachisque y el Nagual, o sease las dos fuerzas del bien y del mal?

Es seguro que así haya sido, porque así lo dicen los códices, así ha quedado escrita la leyenda en las mentes de los viejos o huehuemes de nuestra historia antigua.

# LA DONCELLA DE LOS ACANTILADOS

De entre el fragor de las cascadas, sobre el bullir espantoso de espumarajos ruidosos que se precipitan al vacío y que caen formando nubes de estrellas y brillantes, suele escucharse el doliente gemir de una doncella. Sus lloros llegan al alma y el corazón se contrita de dolor, porque ese llanto es la más triste queja de amor que mujer alguna haya emitido nunca.

Viajeros, caminantes, excursionistas que la han oído, creen que se trata del batir de las furiosas aguas contra las grandes hojas acuáticas y las raíces que sobresalen por entre los peñascos del horrendo precipicio; otros, que se trata del alma errabunda de una mujer en pena y otros, que los malos espíritus de las aguas aún rondan por el serpentear de las cascadas.

Nadie o muy pocos se han detenido a desentrañar el gran misterio, porque sobrecogidos de temor y sobresaltos, huyen mejor ante los gemidos lastimeros de una mujer que se encuentra en agonía.

Y esos pocos que han contado más tarde esto que recuerda una leyenda, han comprobado que quien emite tan lastimeros ayes es una pequeña florecita que crece a la orilla misma del abismo, bañada por las agitadas aguas que se precipitan allá abajo. Los antiguos, los hombres del tiempo en el cual se originó esta triste leyenda, la llamaron Atempanxochichocani, que en lengua castellana quiere decir "Flor que llora junto a las aguas".

Y quienes han tenido la osadía, el valor de inclinarse al precipicio y han cortado una de estas florecillas de sublime hermosura, descubrieron que entre sus pistilos se halla una mujer, una doncella de bien proporcionado cuerpo, diminuto y admirable, cuyas manos parecen cubrir su rostro cubierto de rocío que son sus lágrimas. Es el cuerpo diminuto de una doncella, de una virgen que llora eternamente a la orilla de las aguas su mal de amor, su pena amorosa.

¡Atempanxochichocani, la flor que llora!

A simple vista puede verse el cuerpo de la doncella en actitud de llorar, recostada en la corola de la florecilla que sólo crece junto a las cascadas, a las orillas del abismo al que se precipitan las aguas. Su llanto es audible a corta distancia y a veces más lejos, cuando el fragor de la precipitación del agua baja de tono.

La leyenda, los motivos por los que se formó esta florecilla y las penas que llora esta doncella de diminutas proporciones se pierden en las noches de los tiempos, entre las leyendas de más vigor, de mayor representación de una raza dada a la superstición y a los temores de los dioses; se dice sin embargo, que esta doncella y su amado, un vigoroso y apuesto mancebo, paseaban sus amores antes de desposarse con el regocijo y aceptación de sus padres. Mas cierta vez corriendo él por el bosque en persecución de un Mazatl, —venado—, perdió el paso y fue a caer al abismo. Su cuerpo se fue rebotando contra los peñascos y cayó al fondo de la sima, en donde fue arrastrado por las furiosas aguas.

La doncella, cansada de esperar el regreso en un paraje en donde se entretenía tejiendo guirnaldas de florecitas, se fue en su busca y no lo halló, no lo halló nunca y desde entonces convertida en flor, en la flor de Atempanxochichocani, vive en las orillas de las cascadas y los abismos, llorando por la desaparición del mancebo que ya no pudo ser su esposo.

Perdida la crónica escrita de esta leyenda, los viejos solían contar que lo que ocurrió fue que el Shantil, el genio malo y fantástico que vivió en los acantilados, al ver el grande y puro amor que paseaban por el bosque la Doncella y el Mancebo, se puso celoso y atrayendo hasta sus dominios al galán, lo precipitó a sus dominios y después de hacerse pedazos contra los riscos, lo arrastró hasta las profundidades oscuras en donde mora, por lo cual, la llorosa y desesperada doncella no encontró su cuerpo, como jamás lo hallaron quienes lo buscaron tan afanosamente.

La doncella murió enloquecida llorando a la orilla del abismo y de su cuerpo brotaron esas florecillas, las florecitas que lloran eternamente junto a las aguas y en cuya corola el incrédulo acucioso, puede ver el diminuto cuerpo de una mujer cubriéndose el rostro con las manos y ese bello rostro cubierto de rocío, que son sus lágrimas.

# EL PÁJARO PUHUY

¡Puhuy... Puhuy... Puhuy...!

El grito, que no es cántico de pajarillo, se repite mientras el avecilla insignificante se cruza en el camino del viajero que cruza las dilatadas regiones del Mayab. Vuela en ágiles giros y al bañar su pequeño cuerpecillo la luz de la luna, se advierten mil colores que conforman su plumaje. ¡Puhuy... Puhuy...! Vuelve a gritar para reaparecer a pocos pasos del viajero, como invitándolo a seguirlo, como haciendo una pregunta.

La historia de este pajarillo originario de Yucatán es en realidad una leyenda. Se le llama así, pájaro Puhuy, porque ese es el único grito que emite por las noches que es cuando sale a los caminos y revolotea y pregunta a los viajeros. Es un pájaro parchado que cuando podemos verlo por la tarde a la parda luz del tramonto se nos antoja un pordiosero, un vagabundo cuyo traje viejo tiene mil remiendos de colores distintos. Así es el pájaro Puhuy.

Pues bien, dice la leyenda que se cuenta bajo el frescor de las ceibas o entre la penumbra de los portentosos templos del Itzá, que hace mucho, mucho tiempo, muchos siglos que las cuentas calendáricas no alcanzaron a contar, el Supremo Creador tuvo que escoger al rey de las aves y siendo el pájaro Puhuy de cántico y plumaje muy hermoso, se creyó que podía ser el rey de los emplumados. Más allí estaba el pavo real, que era un ave gris, de triste plumaje pero de gorjeos muy hermosos y variados. Al ver su cuerpo gracioso y altivo, pensó en que si tuviera mejor y más vistoso plumaje podría ser el rey, pues tenía tamaño y apostura.

Quiso la mala suerte del pájaro Puhuy, que el avorazado y envidioso pavo real lo viera y acercándose a él, le propuso un trato: el pajarillo de vistoso plumaje le prestaría sus plumas y en cuanto fuera nombrado Rey por el Creador, no sólo se las devolvería, sino que lo llenaría de favores y prebendas.

El pájaro Puhuy era noble y bueno y accedió.

Se despojó de sus plumas y el pavo real se las colocó sobre su cuerpo, se presentó a concurso y resultó triunfador.

Cuando pasaba el nuevo rey de las aves con su séquito, el humilde y buen pájaro Puhuy miraba atónito el desfile, escondido entre los matorrales, porque estaba desnudo y así no podía exhibirse entre sus congéneres.

Y ocurrió que el pavo real ostentoso y pagado de sí mismo se olvidó del pájaro Puhuy, jamás volvió a dirigirle la palabra y menos lo buscó para recompensarle sus favores y se quedó con su plumaje.

El pájaro Puhuy vagó triste y apesadumbrado, sin osar salir de los matujos, hasta que las demás aves compadecidas, se despojaron cada una de una pluma y se las pegaron al cuerpo del Puhuy.

De este modo el insignificante pajarillo quedó parchado, con su vestido como hecho de mil remiendos y el pavo real con su vistoso atuendo.

Desde entonces el pájaro Puhuy sale a los caminos en espera de que alguien lo comprenda, de que pase el pavo real y se acuerde de su deuda y ya no desea recompensa alguna ni favores, sino que le regrese su plumaje. Tal vez, piensan los mayas, el pájaro Puhuy sea un ejemplo para los hombres que prometen, se visten con ajenas galas y después se tornan ingratos.

Más si el pájaro Puhuy al dar sus galas tuvo que vestirse de pedazos y remiendos, el pavo real también halló su justo castigo. Hoy el orgulloso, ostentoso y presumido pavo real no canta, apenas emite un graznido chillón, hiriente, cuando se acuerda de los hermosos trinos que emitía antes de que fuera nombrado rey de todas las aves.

Por otra parte, las patas del pavo real son las patas más feas que tenga ave alguna y se dice que cuando se las ve, muere o llora con gran pena.

Esta es pues la leyenda del pájaro Puhuy, el pajarillo que sale por los caminos del Mayab, a preguntarle al viajero si ha visto al pavo real que lo engañó, así como hay muchos hombres que viven engañando a sus semejantes.

# SEGUNDA PARTE
# MÉXICO COLONIAL

# MÉXICO COLONIAL

*Muertos que regresan del más allá, fantasmas, apariciones diabólicas, castigos inexplicables y hechos sobrenaturales, muertos que resucitan, almas en pena que van por los callejones lanzando lastimeros lloros, avaros que cuidan sus tesoros desde las regiones ignotas donde moran, religiosas y clérigos castigados y muchos hechos espantosos ocurrieron durante la época de la Colonia, cuando, se dice, la gente era timorata, supersticiosa y llena de temores religiosos; cuando todo esto ocurría en las sombras de los callejones o en callejas mal iluminadas por las farolas de metal y vidrios herrumbrosos, cuando los sucesos no podían examinarse a la luz fría y científica de una mente analítica e iconoclasta.*

*Pasó el tiempo, muchos años y las gentes que por curiosidad leían o escuchaban los relatos espantables de los días en que nuestra Capital era la Capital de la Nueva España, dijeron que todo habían sido supercherías, invenciones de gentes oficiosas, de mentes predispuestas y lo que fueron ocurrencias, sucesos verdaderos avalados por las autoridades de su tiempo, se convirtieron en sabrosos cuentos y leyendas.*

*Hoy, ante la ocurrencia de nuevos y portentosos hechos similares a los ocurridos hace siglos, la ciencia* moderna los ha aceptado y catalogado dentro de algo que llaman parasicología, telequinesis, paranormal e inexplicable, aceptando y ratificando estos sucesos que parecen no ser más que la repetición de aquello que se negaron a aceptar hace algunos años.

Estos pues, son los relatos basados en investigaciones, en consultas de antiguos y carcomidos documentos que duermen el sueño del olvido en apolillados anaqueles de los archivos de Indias de Sevilla y en los archivos oficiales del país. Quizás se les ha agregado un poco de fantasía, algo de sabor para evitar lo frío, lo macabro y amargo de un relato, pero sin desvirtuar ni menguar el meollo del asunto.

Está por demás decir, que desfilan a través de estos relatos, tradiciones y leyendas de la Colonia, personajes que vivieron, que fueron de carne y hueso y dejaron su huella en los anales de una historia que se esfumina dolorosamente.

Vuelven a tener actualidad estas consejas, estas leyendas, al aceptar su autenticidad los científicos y parasicólogos modernos.

# LA MUJER HERRADA

Allá por el año 1674 del Señor, vivía en la casa número 3 de la que entonces se llamaba Calle de la Puerta Falsa de Santo Domingo, y que en la actualidad lleva el nombre en un tramo de Calle República del Perú. En la Ciudad de México, un sacerdote que no por ser un religioso traído a la Nueva España para dar ejemplo cristiano y adoctrinar, se dedicaba a su servicio, sino que entreveraba muy constantemente, de placer de la carne con los oficios eclesiásticos, al grado tal que vivía en abierto y público amasiato con una bella mujer, ligera de cascos y de liviana conducta que no tuvo el menor empacho en enredarse con el cura en tan pecaminosos amoríos.

Cuenta el padre José Vidal, iniciador del culto a la Virgen de Los Dolores y muerto en el Hospital de San Pedro y San Pablo a la edad de 72 años, que el dicho cura cuyo nombre fue borrado de la historia de la iglesia, tenía un compadre de oficio herrero con quien compartía tertulias, bebida y alegres tiempos en los que se cantaba y se bailaba en la citada casa de la Puerta Falsa de Santo Domingo, porque el herrero estaba en pleno conocimiento de la conducta del cura y de la mujerzuela.

Cuéntase también, y esto lo decían los curas carmelitas en sus sermones, para ejemplo de los pecadores, que el herrero en muchas ocasiones incriminó a su compadre el cura para que dejara esa vida licenciosa que tanto daño hacía a la imagen sacerdotal, pero invariablemente el cura se negaba y más se entregaba al amor abyecto.

La vida monástica no era lo que pudiera decirse un reducto de virtudes, pues había sus desviaciones y tanto obispos como seglares gustaban de empinar el codo y divertirse con algunas barraganas, pero o bien lo hacían en forma discreta o sus escándalosos amores no trascendían como los de este cura de la historia.

Total, que cierta vez, hacia la medianoche, el herrero, que vivía en la entonces calle de las Rejas de Balbanera, a un costado de la antigua Universidad —hoy el sitio en donde se levanta la Suprema Corte de Justicia— oyó fuertes golpes dados contra su puerta, casa muy conocida por tener en el frontispicio y en uno como escudo pétreo, las herramientas de su oficio que eran unas tenazas y un pujavante, especie de formón con que se rebajaban los cascos de las bestias y por lo cual se llamó durante muchos años "Casa del Pujavante".

Atolondrado por el sueño, de mal humor por haber sido despertado a esa hora tan desusual para un herraje, salió el herrero hallándose ante la presencia de dos fornidos negros, acharolados, vigorosos, de pelambre hirsuta y ojos de fuego, que llevaban de las riendas a una mula de silla.

Dijeron los dos negros que eran sirvientes del cura su compadre y que le urgía que herrara a la mula porque iba a cabalgar en ella a eso de las cinco, para ir a la Villa a oficiar una misa de compromiso.

De mala gana encendió la fragua y calculó las cuatro herraduras para la mula, más al ir a colocárselas, el animal comenzó a patear, a saltar y a tratar de evitar ser herrado, lo cual obligó a los dos negrazos a darle una buena tanda de azotes con un látigo y un garrote, hasta dejarla domada y mansa.

El herrero clavó las cuatro herraduras y dijo a los dos negros que iría a almozar con su compadre el cura, para reclamarle esta impertinencia.

Al día siguiente el ya calmado herrero llegó hasta la casa número 3 de la entonces calle de La Puerta Falsa de Santo Domingo y después de tocar tres veces penetró a la habitación.

Encontró al cura todavía con los efectos de una noche de pasión, cansado y somnoliento y con un brazo sobre el hombro de la mujerzuela que permanecía aún acostada a su lado.

—Compadre —dijo el herrero—, en castigo y prenda de que me hizo levantar tan temprano, mejor dicho, en la noche, a herrar su mula, he venido a desayunar y espero me ofrezca un buen almuerzo.

—¿De qué mula habla, compadre? Yo no tengo mula alguna. Ni he pensado en ir a oficiar hasta la Villa—, respondió el cura.

—Pues tuve que herrar a disgusto la mula que llevaron sus dos criados negros.

El estupor llenó la cara del religioso.

—Ni tengo criados, ni mula, ni nada y mal haría en ir a molestar a tan gentil compadre. —Agregó el cura—. Lo que ocurre es que algún bromista le ha jugado a usted una mala pasada; sin embargo, eso no quiere decir que aquí mi mujer no pueda levantarse para preparar un suculento y abundante almuerzo.

Y le pegó dos nalgadas a la mujer que parecía dormir.

Pero la mujerzuela no se movió y menos se incorporó.

El sacerdote repitió los golpes y los unió a sus gritos.

La mujer continuó igual.

El herrero, que en la intimidad llamábala "comadre",

se acercó para moverla y entonces vió con horror que en la planta de ambos pies que sobresalían de las mantas, estaban clavadas las herraduras que él mismo clavara esa noche a la mula de silla. Los pies estaban destrozados, sangrantes y los clavos traspasando el talón y los empeines.

El herrero retrocedió horrorizado.

El cura miró las manos de la mujerzuela y también vió que estaban herradas. Las herraduras clavadas dolorosamente en las palmas de las manos, los clavos enormes cruzando las muñecas.

—¡Esto es horrible! gritó el herrero.

—¡Es cosa del demonio... es un castigo divino! —estalló el cura mesándose los cabellos.

A los gritos espantosos que daban herrero y cura, acudió un vecino llamado don Pedro de Salcedo, quien en alas del terror corrió hasta el cercano templo de Santa Catarina a traer al cura reverendo Doctor don Antonio Francisco Ortíz.

Cuando llegó el cura de Santa Catarina encontró allí al reverendo padre José Vidal y a otro padre carmelita y entre los tres examinaron a la muerta, hallando que además de las cuatro herraduras que aparecían dolorosamente clavadas en pies y manos, presentaba fuertes paleaduras y latigazos, mismos que según aseguraba el herrero, le habían propinado a la mula cuando no se dejaba herrar.

De todo eso se dedujo en una especie de tribunal secreto y bajo los oscuros claustros conventuales, que la mula herrada era la mujerzuela amasia del cura y que el herrero, como cómplice y sabedor de estos libidinosos amoríos, había sido designado como un instrumento de castigo.

Este relato verídico se contaba en púlpitos hasta finales del siglo XVII y ha quedado registrado en las antiguas crónicas virreinales, en los escritos del jesuíta don Juan Antonio de Oviedo.

Para terminar esta historia que ha tomado visos legendarios, se dirá que el cura libidinoso desapareció para siempre, unos dicen que castigado terriblemente por las estrictas leyes de su orden religiosa y en cuanto a la mujer, por disposición misma de los tres clérigos, fue sepultada en un ángulo del patio de la misma casa de la entonces Calle de la Puerta Falsa de Santo Domingo, porque por pecadora, no podía ser enterrada en tierra consagrada.

# EL ARMADO

Allá a principios del Siglo XVI los habitantes de la Capital de la Nueva España veían salir a este hombre misterioso del rumbo del Callejón de Illescas, que hoy es Calle de Pedro Ascencio. Callado, mustio, si acaso saludando con un: "Vaya usted con Dios" o "Santas y buenas tardes tenga su merced", o "Dios Guarde a su Persona", se perdía entre las sombras del callejón de Los Gallos, cruzaba los pantanosos llanos y llegaba a Corpus Christi. De allí siempre con su paso lento, se llegaba hasta las puertas del Convento de San Francisco y penetrando con resolución se iba a postrar de hinojos ante el altar y capilla del Señor de Burgos.

Grandes y prolongados gemidos escapaban de su pecho, gruesos goterones de llanto resbalaban por entre la rejilla de hierro de su celada y en un tintinear de espadas y armadura, se inclinaba hasta besar el suelo siete veces.

Allí permanecía orando, gimiendo y pidiendo perdón sin que nadie osara acercarse para enterarse qué clase de culpas solicitaba expiar. Después, se levantaba y continuaba su camino hasta hallar otra iglesia en donde penetraba para repetir sus lloros y sus oraciones.

Primero los transeúntes lo miraban con miedo, con ojos interrogantes y después con respeto y lástima, pues se decía que era un penitente que arrepentido de sus graves culpas, andaba de la Capilla del Señor de Burgos hasta cuantos altares le era permitido el tiempo, hasta llegada la medianoche en que se le veía alejarse recorriendo los callejones de Arsinas, de los Betlhemistas, de La Celada, de los Sepulcros, de Santo Domingo y de los Monasterios, para perderse como ya se dijo, por el rumbo del callejón de Illescas.

Sin duda alguna se trataba de un caballero, a juzgar por la ropa que vestía, negra toda, de seda y astracán, de asfodelo y paños, cubierto este atuendo con la pesada armadura que portaba, su espada en la que todos reconocieron como hoja de hidalgo caballero y un puñal de izquierda o de misericordia, pues en un duelo a estoque jamás se remata al rival cuando ya agoniza, sino que se le remata con este puñal misericordioso que llega a cortar la vida de una vez.

Así, año tras año y noche tras noche, se veía cruzar callejones y plazuelas, entrar al templo y sollozar a los pies del Señor De Burgos, a este caballero misterioso a quien se llegó a conocer como "El Armado".

Servíale una vieja mujer enteca y fría, que sólo salía para comprar lo indispensable para el alimento diario y para escuchar misa en la Iglesia de la Concepción, pero jamás se interrogó a esta sirvienta ni se supo el nombre ni la alcurnia de su amo "El Armado". Las gentes decían que se trataba de un conocido caballero que malo había sido en su juventud y que había violado damas y engañado esposos, que había maltratado indios y engañado a encomenderos y en fin, que llevó una vida crapulosa de la cual estaba arrepentido y purgaba sus culpas pidiendo perdón en capillas y conventos.

Al fin, un día, cuando la vieja enteca y fría salió a

comprar hogaza de pan y vino, descubrió que su amo pendía colgado de uno de los balcones de la casa, casa magnífica, de piedra y cantera, con grandes balcones enrejados.

Corrió la vieja de un lado a otro llamando a la Justicia y a poco se presentaban alguaciles y corchetes.

Se descolgó el cuerpo de "El Armado" y se vió a través de la celada un rostro enjuto, lloroso y triste todavía.

En la empuñadura de su espada de caballero estaba enlazada solo una palabra "paz" y dos estrellas. En el interior de su casa, que era todo lujo y brillantez, se hallaron grandes y pesadas talegas llenas de oro y plata, cofres con joyas y objetos de arte y cuanto puede tener para ostentación y lujo un gran señor, cuyo nombre escapó a la acuciosa investigación de oidores y alguaciles.

Y cuentan que años después y aún a principios de siglo, algunas gentes que pasaban a deshoras de la noche podían ver a "El Armado", colgado de los hierros de aquella casona ya ruinosa y quienes con valor se acercaban, escuchaban sus gemidos y veían que por entre la rejilla de la celada, resbalaban lágrimas de pena.

No se supo el nombre y el vulgó bautizó a ese callejón como "El Callejón de el Armado", en memoria de aquél suceso espeluznante.

# LA MULATA DE CÓRDOBA

Hay cosas malditas de las cuales se borró toda huella. Los frailes que en aquellos días parecían ser los únicos que conocían el secreto de la escritura se negaron a consignar en sus escritos los hechos que conforman esta historia que siglos después se trasnformó en leyenda.

Nadie sabe cuando, ni cómo, ni quienes fueron sus padres, pero sí asegura la tradición que se trataba de una mujer de incomparable hermosura, que nació en Córdoba y que debido a su tez y a sus formas recias y exquisitas la llamaron "La Mulata".

Tampoco se le calculaba edad, pues se asegura que jamás envejecía, no se le advertían los años, ni cuerpo ni rostro se maltrataba al decurso de los tiempos. Siempre joven, siempre bella, siempre altiva y de formas tan atractivas que traía a muchos hombres de cabeza, así caballeros como truhanes.

Los curas y religiosas aseguraban que "La Mulata" tenía un don heredado del demonio, pero quienes recibían favores de la hermosa hembra decían que poseía dones celestiales, porque esta misteriosa mujer que vivía en una choza a la muy orilla del pueblo, situado a la mitad del camino de la Villa Rica de la Veracruz y la ciudad de Orizaba, en lo que hoy es Estado de Veracruz, se dedicaba a curación de enfermos pobres, remediaba males de amor dando filtros para obtener los favores de un novio despreciativo o de una mujer fría que no hacía caso de ardientes requerimientos. Socorría a los humildes y no faltaba jamás a la cabecera de los moribundos.

Por otro lado se aseguraba también, que podía hacer el mal a quien maldad hacía, que por las noches de los sábados salía de su casucha volando en un manojo de yerba de Santamaría y que embrujaba, que tenía pacto con el diablo y que el mismo Lucifer la visitaba por las noches en que se veía arder y como elevarse su choza envuelta en llamas.

Se agregaba a todos estos atributos, que podía vérsele en dos o más partes a la vez y solía trasladarse a la Capital de la Nueva España a efectuar curaciones y maleficios.

Era la época en que imperaba el terror de la Santa Inquisición y se quemaban en la hoguera los relapsos, los herejes y a la menor sospecha hombres y mujeres eran encerrados en tenebrosos calabozos de la cárcel de la Perpetua, en donde el Santo Oficio los interrogaba y torturaba de la manera más vil y siniestra.

Y cuéntase que hasta se trasladaron los oidores y acompañados de guardias y alguaciles, aprehendieron a la Mulata de Córdoba y la trajeron encadenada y fue encerrada en la masmorra del tétrico patio de los naranjos, acusada de bruja y de tener pacto con el diablo.

La Mulata de Córdoba no se defendió, aunque dicen que su hermoso cuerpo fue sujeto más que a torturas a la libidinosa curiosidad de escribas y de oidores, porque su belleza física era admirable.

"La Mulata", nacida en Córdoba cierto día de un

año indeterminado, y de indescifrable edad, fue sentenciada a morir en el quemadero.

La "Mulata de Córdoba" no se arredró por ello. Sobre un montón de paja húmeda aguardó oír su sentencia y la fijación de su muerte, allí en su calabozo en donde corrían las ratas y los gusarapos.

Pocos días antes de consumarse tan fatal sentencia, el carcelero que le llevaba pan y agua cada 24 horas, entró a verla.

—Sois muy bella, a pesar de ser bruja y tener pacto con el Demonio—, le dijo el carcelero, admirando la soberbia belleza de "La Mulata", recreando sus ojos con la esbelta figura de la acusada de brujería y pacto satánico, para agregar—, lástima que vayan a quemar tu hermoso cuerpo en leña verde, como arden todos los herejes y relapso.

"La Mulata de Córdoba" lanzó una carcajada y acercándose al carcelero le preguntó:

—¿Y tú también crees que van a quemarme, pobre idiota?

Después se acercó al muro del calabozo y mostró al carcelero el dibujo de un gran navío, de un enorme velero pintado con carbón.

—¿Ves este navío?

—Sí, es un bajel hermoso.

—¿Qué creéis que le falta?— preguntó socarrona "La Mulata".

—A fe mía, que sólo le falta navegar, pues habéis puesto en él todos los detalles de un bajel. —Arguyó el carcelero.

—Pues navegará ahora mismo y yo me iré en él. ¡Mira!

Y diciendo esto "La Mulata de Córdoba" saltó al navío, se hincharon las velas y el barco comenzó a navegar por las aguas tranquilas de un océano que se adentraba más allá del muro.

Allí permaneció el carcelero hasta ver cómo se perdía aquél navío en el horizonte. Después salió corriendo y dando de gritos a oidores y alguaciles, inquisidores y verdugos de la Santa Inquisición.

Jamás volvió a saberse de "La Mulata de Córdoba". Muchos dijeron que la vieron años más tarde en varias partes, ya en salones virreinales, en saraos palaciegos o en chozas humildes ayudando a los enfermos, pero siempre así, sin edad, sin huellas del tiempo en su hermoso rostro.

Èl escritor guatemalteco Miguel Angel Asturias, nos relata una leyenda similar, entretejida como esas raíces de la ceiba, con esas bifurcaciones de los manglares que forman una maraña increíble y se hunden en las zarcas aguas de los ríos y los mares. Esta leyenda que él titula "La Tatuana", nos habla de una mulata igualmente bella, esclava de un hechicero que pintó asimismo en el muro de la prisión en donde se hallaba, un barco de vela a bordo del cual escapó del cautiverio, tras de estar condenada a muerte por el delito de hechicería.

¿Era la misma mujer? Indudablemente que no, lo que ocurre es que a veces las leyendas y sucesos traspasan las fronteras y son llevadas en alas de la fantasía, a naciones hermanas en donde toman carta de ciudadanía con algunas diferencias.

# EL PUENTE DEL CUERVO

A eso del atardecer nadie podía cruzar el puentecillo de cal y canto con un pasamano o barandal hecho de tezontle enjarrado y pintado de blanco, por temor a toparse con un ave de horrible aspecto, negra cual la noche y de alas que tenían tonalidades de acero; sus ojos brillaban como dos ascuas y de su pico como de marfil amarillento escapaban maldiciones.

"...¡Malditos sean los cielos... alabad al Demonio nuestro Amo ..!"

Gritaba aquella ave negra de tamaño desusual para ser un cuervo, mientras su amo, un viejo de aspecto ratonil, de mirada torva y vestido casi de andrajos, lo contemplaba desde el balcón de hierro forjado de su casona de excelente factura. El viejo en cuestión se llamaba don Rodrigo de Ballesteros y vivió cerca de aquél puente durante el final del siglo XVI en lo que fueran las espaldas del colegio de los Jesuítas, en la Ciudad de México.

El dicho puente fue construído fuera de la traza de la Capital de la Nueva España para que la gente pudiera cruzar una de las muchas acequias que conducían aguas hasta los distintos barrios, acequia que andando

andando el tiempo fuera cegada y se abriera en su lugar la que hoy es 3a. calle de la República de Colombia.

Vivía pues allí don Rodrigo de Ballesteros, que en esa fecha debía contar no menos de 70 años de edad, de quien se decía que fue Capitán de arcabuceros de los ejércitos reales de España, ganador de muchas batallas y de honores para la Corona, por lo cual el Rey Felipe II lo premió con gran fortuna y encomiendas que tenía por el rumbo de Atzcapotzalco, extendiéndole largas y encomiosas cartas al virrey para que el señor de Ballesteros fuese atendido como merecía su rango y distinción al servicio de España.

Vino pues don Ballesteros a vivir por ese rumbo, en una casona de dos pisos, grandes balcones y amplio patio, con una escalera al frente y espaciosas habitaciones; trajo muebles de lo más lujosos y sus cortinas eran de Demasco, de finos terciopelos y velos y otomanes. Su vajilla era de la más fina porcelana China, cucharas de plata y cristales europeos. En fin, que toda la casa rezumaba lujo y poderío, riqueza a granel, lo que contrastaba con el aspecto avariento del señor de Ballesteros, pues el hombre desde que llegó a la Nueva España jamás se despojó de su jubón y un capellar de tela y color indefinido sobre el cual se veían cien o mil manchas y remiendos; sus medias estaban llenas de agujeros y sus botas un desastre, tenía los ojos disparejos y los mechones blancos revueltos y sucios, pero era dueño de una voz tan estentórea, tan potente, que se podía oír por todo el vecindario. Sobre el pecho de don Rodrigo de Ballesteros colgaba en cadena de oro la roja cruz de Santiago de Calatrava, que a veces, como al descuido, dejaba que cayera dentro de la escudilla de los míseros alimentos que consumía.

Varias cosas distinguían a este repulsivo caballero, siendo la principal, el ser dueño de un enorme cuervo, tan horrible y negro como los pecados del alma, como negrura de la noche más tenebrosa y que volaba de habitación en habitación lanzando sus graznidos y maldiciendo en desconocida lengua, al tiempo que a su paso derribaba con sus alas y a propósito, jarrones y cristales, tibores y cortinajes con gran gusto de su dueño.

Servíanle al señor de Ballesteros cuatro criados que andaban siempre en contraste con su amo, limpios y de gorgueras blancas, de guantes impecables y de ropajes bordados de cordoncillos dorados.

Sin embargo, lo que comenzó a alejar a las gentes que evitaron acercarse a la casona de don Ballesteros, eran las muy extrañas sesiones que este caballero tenía con gentes más extrañas aún, entre las cuales se contaban hasta siete judíos y un número mayor de herejes. Grandes escándalos, cánticos y maldiciones se escuchaban en el interior de la casona que solía iluminarse con intensa luz rojiza y por puertas y ventanas escapaba un acre olor que hería el olfato. Las gentes de los alrededores aseguraban que allí se adoraba a Satanás y que se ejercía un culto demoniaco monstruoso y terrible, más ya sea por el temor que inspiraba este viejo y a sus gritos que hacían temblar los muros de las casas, nadie decía nada.

En algunas ocasiones osaron acercarse a la casona grupos de niños y se alejaban de allí espantados, por las amenazas del vejete, lanzadas con su vozarrón de espanto. Muchos niños dijeron que el viejo trató de atraparlos para sacrificarlos en un altar de colgaduras negras, en donde estaba colgado un Cristo de cabeza.

Así, llenando de espanto a aquel barrio de gentes humildes y timoratas, fueron pasando los años, hasta que una noche se dieron cuenta los vecinos, que don Ballesteros organizaba una orgía terrible, en donde corrió el vino, el escándalo se hizo mayúsculo y gritaron las mujeres entre carcajadas de los hombres y el revolotear del cuervo que graznó como un demonio.

Vinieron después tiempos tranquilos.

Nadie volvió a escuchar ni un ruido, ni un grito de aquella garganta que emitía sonidos tan potentes que ensordecían. No volvió a escucharse el escalofriante graznar del cuervo ni el viejo avaro, de aspecto de mendigo volvió a aparecer en el balcón central de la casona.

De los cuatro criados tampoco se supo nada, el edificio se vio totalmente abandonado y ante tal misterio se vio precisada a tomar cartas en el asunto la justicia. Entraron los alguaciles y dos oidores y lo que hallaron en la casona que ya empezaba a derrumbarse, los llenó de espanto. Allí, en un salón donde aún colgaban jirones de colgaduras de tela negra con bordados misteriosos, signos cabalísticos y palabras en hebrero antiguo, había restos de cirios, dos velones negros y colgado de cabeza, un Cristo tinto en sangre y sobre la faz ensangrentada del ajusticiado, plumas negras con tonalidades de acero, dejadas por el cuervo.

No lejos del Cristo había látigos y varios instrumentos de tortura, lo que hizo creer que el tal don Ballesteros y su secta se dedicaban a azotar al Crucificado, a befarlo y a escupirlo, mientras el cuervo revoloteaba y graznaba maldiciendo.

Se tapiaron las puertas de la planta baja, se cerró con adobe las ventanas y quedó clausurada aquella casona que poco a poco iba siendo refugio de alimañas y murciélagos.

Y de aquí que un día, mejor dicho cierta noche según cuenta la leyenda, dos gentes que pasaban y que se vieron precisados a cruzar el puente, vieron sobre el barandal la horrible figura del cuervo que los miraba con sus ojos en llamas.

El animal repitió aquella frase de "malditos sean los Cielos y alabemos al Demonio", para después lanzar un latinajo que se entendió por "Non omnis moriar", no moriré del todo. En seguida, lanzando agudos y electrizantes graznidos, voló hacia el balcón central de la ruinosa casona, en donde ya lo esperaba su amo que era un esqueleto amarillento mal cubierto por un sudario remendado.

No volvió a saberse nada más de este asunto, pero desde entonces el pequeño puente que hoy es calle de Colombia, se llamó Puente del Cuervo, a causa de este horrible sucedido.

# LOS SANTOS ARRODILLADOS
# o
# La misa de las ánimas

Principiaba el siglo XVII, centuria llena de acontecimientos espantosos, pródigos años en lo que a sucesos sobrenaturales y cambios políticos se refiere. Regía la Nueva España como Virrey don Diego Fernández de Córdoba, marqués de Guadalcázar a quien el país recibió con incendios en Veracruz y en la Ciudad y fuertes terremotos ocasionados por las erupciones del volcán de Colima.

Ubicado en el sitio en donde hasta la fecha se encuentra el templo de Santa Catarina Mártir, en ese tiempo cuadrante de su mismo nombre y hoy Brasil, tenía como presbítero este antiguo y bello templo a un sacerdote del culto secular llamado don Gabriel Denía. Cura santo y bueno, de una blancura mortuoria y de una figura delicada que irradiaba bondad, que repartía ternura entre sus feligreses especialmente los humildes que eran muchos.

Con esa su dulzura seráfica y sus dones de bondad cristiana se dedicaba a los oficios religiosos de Santa Catarina, porque era gran devoto de la Virgen Mártir. Sus manos de alabastro, su blancura casi transparente, le daban un aspecto como de estatua viva, como de un ser cuya bondad podía verse a través de su carne.

Nada raro tendría el sacerdote don Gabriel Denía, en ese siglo en el que se significaron varios religiosos por sus cualidads humanas, a no ser porque la gente siempre entrometida y criticona, comenzó a hablar del santo hombre, diciendo que a deshoras de la noche celebraba extraños, misteriosos actos religiosos en el interior de Santa Catarina, teniendo las puertas fuertemente cerradas desde el interior.

Quienes por necesidad o curiosidad pasaban delante del templo, juraban haber oído murmullos de gentes en oración y la letanía de muertos canturreada por la voz casi opaca del padre Denía. Otros que se celebraba una misa de doce de la noche, pero sin que se viera entrar o salir gente del templo.

Desde Santo Domingo a Las Atarazanas, de Anmacuitlapilco a Santa Catarina de Sena y calles anexas, la curiosidad tenía a la gente en áscuas, pues no eran pocos quienes se desvivían por saber, por averiguar lo que hacía a la medianoche el santo sacerdote de Santa Catarina.

Cuentan las viejas crónicas que se tornaron con los siglos en leyenda, que entre esos curiosos y ávidos de descorrer el velo del misterio se encontraba uno de los regidores, de nombre Félix Salcedo de Villalba, y un tal licenciado don Martín Zimbrón, ambos hombres y amigos de reconocido valor y varonil vivir, pues se contaban por docenas sus lances amorosos y sus duelos a espada en los callejones y atrás del convento de San Diego en donde tuviera fieros encuentros la Monja Alférez.

Y fueron estos dos amigos, el regidor y el licenciado, quienes mediante fuertes apuestas con amigos, prometieron desentrañar el gran misterio de Santa Catarina Mártir.

Convenido el plan, se fueron por la tarde al templo y aprovechando las horas de soledad, que eran muchas y prolongadas, se escondieron el regidor en uno de los rincones más oscuros debajo del coro y el licenciado Zimbrón en el interior de un confesionario.

Así, ocultos y guardando el mayor silencio, aguardaron las doce campanadas de la medianoche...

Aún gritaba el sonoro tañer de los bronces sobre la noche virreinal, cuando los dos amigos oyeron unos pasos tenues y el roce del sobrepellíz contra un sillar. Después, a la tenue luz de exterior, vislumbraron la delgada, diminuta y blanca silueta del padre Gabriel Denía. El sacerdote encendió dos cirios usando para ello la pajuela que tenía encendida en la mano y después colocó el misal sobre el altar.

Cada uno de los dos hombres ocultos, así el regidor Salcedo de Villalba como el licenciado Zimbrón, veían desde distinto ángulo el movimiento del anciano sacerdote. Lo vieron juntar sus manos transparentes e iniciar el rezo de un Padrenuestro.

En seguida la nave de Santa Catarina se llenó de murmullos, de todas partes, pero especialmente de los muros y altares parecían prevenir mil rezos que eran un susurro, repitiendo "Santificado sea tu nombre".

Ninguno de los dos amigos escondidos por su lado podía ver quien emitía esos dolientes rezos, hasta que comenzaron a ver varias figuras que se acercaban al altar, unas de pie y otras arrodilladas.

Salcedo y Zimbrón creyeron que eran gentes humildes, cuya indigencia les impedía asistir a misa cuando lo hacía toda la gente o las enfermas y enfermos de asilos y hospitales de caridad para quienes el santo padre Denía oficiaba aquella misa de la medianoche, cuando descubrieron con estupor, que los asistentes a la misa eran los mismos santos del altar, las figuras, las esculturas y santos y apóstoles pintados en los enormes cuadros clavados en los muros del templo. Atrás de los santos y vírgenes de los diversos simulacros religiosos, estaban las almas en pena, las ánimas del purgatorio que con los dedos encendidos como si fueran velas, oraban y rezaban al compás del sacerdote Denía.

El espanto de los dos curiosos no tuvo límite, pálidos, desencajados, quedaron demudados en los mismos sitios en que se ocultaban. Creían estar soñando, ser víctimas de una espantosa pesadilla porque sencillamente lo que veían resultaba inexplicable. Era imposible que aquél sacerdote pálido y de figura delicada, tuviera el valor y el poder de oficiar una misma para los Santos y las ánimas del purgatorio.

Si aquello no era cosa del demonio, sí algo que no podían resistir. Fue el regidor Villalba quien pegando un grito espantoso cayó al suelo desmayado, rompiendo el hechizo de ánimas y santos oyendo la misa de medianoche oficiada por el padre Denía.

Después gritó el licenciado Zimbrón, que estaba tieso en el interior del confesionario.

Con estos gritos e inesperados sucesos se rompió el hechizo, los santos volvieron a sus pedestales, los apóstoles a sus lienzos y las ánimas al Purgatorio que, como se sabe, es lugar de castigo y transición.

Alumbrándose con uno de los cirios, el padre Gabriel Denía fue primero a auxiliar al regidor y después al licenciado Zimbrón que pataleaba dentro del confesionario.

Primero quiso ayudarlos dándoles a beber una copa de vino de consagrar mezclado con agua, pero los dos estaban tan aterrorizados, que no podían ni abrir la boca.

Finalmente el sacerdote optó por salir al cuadrante y gritar pidiendo auxilio, hasta que logró pasar la Ronda, a quienes el cura contó que dos caballeros habían quedado encerrados en el interior del templo de Santa Catarina y habían sufrido un gran desmayo.

Los alguaciles conocían al regidor Don Félix Salcedo

de Villalba y casi en vilo lo llevaron a su casa, a cuyas puertas lo dejaron todavía hablando incoherencias y diciendo cosas que los guardianes no entendieron.

Después condujeron a su domicilio, cuando pudo hablar y pudo darlo, al también aturdido y tembloroso licenciado Zimbrón.

Termina esta leyenda que ciertamente no lo es pues este suceso quedó registrado en los anales virreinales, diciendo que el regidor Villalba murió dos meses después sin haber recobrado la razón, siempre hablando de unos santos arrodillados, del padre Denía y de las ánimas del Purgatorio que habían llegado a Santa Catarina para escuchar misa.

En cuanto al licenciado Zimbrón, este leguleyo no pudo olvidar jamás aquella terrible impresión y mortificado de penas, de remordimientos por su vida licenciosa, se fue a refugiar al Convento de San Francisco, en donde dicen que murió en olor de arrepentimiento, varios años más tarde.

El tercero y principal personaje de esta historia, o sea el padre Gabriel Denía, todavía pasó algunos años al parecer celebrando esa misa de ánimas, hasta que Dios lo recogió a la edad de 78 años, siendo su cadáver sepultado en el atrio de la que fue su parroquia, el hoy Templo de Santa Catarina.

# EL CALLEJÓN DEL MUERTO

Corría el año de 1600 y a la capital de la Nueva España continuaban llegando mercaderes, aventureros y no pocos felones, gentes de rompe y razga que venían al Nuevo Mundo con el fin de enriquecerse como lo habían hecho los conquistadores. Uno de esos hombres que llegaba a la capital de la Nueva España con el fin de dedicarse al comercio, fue don Tristán de Alzúcer que tenía un negocio de víveres y géneros en las Islas Filipinas, pero ya por falta de buen negocio o por querer abrirle buen camino en la capital a su hijo del mismo nombre, arribó cierto día de aquél año a la ciudad.

Después de recorrer algunos barrios de la antigua Tenochtitlán don Tristán de Alzúcer se fue a radicar en una casa de medianía allá por el rumbo de Tlaltelolco y allí mismo instaló su comercio que atendía con la ayuda de su hijo, un recio mocetón de buen talante y alegre carácter.

Tenía este don Tristán de Alzúcer a un buen amigo y consejero, en la persona de su ilustrísima, el Arzobispo don Fray García de Santa María Mendoza, quien solía visitarlo en su comercio para conversar de las cosas de

Las Filipinas y la tierra hispana, pues eran nacidos en el mismo pueblo. Allí platicaban al sabor de un buen vino y de los relatos que de las islas del Pacífico contaba el comerciante.

Todo iba viento en popa en el comercio que el tal don Tristán decidió ampliar y darle variedad, para lo cual envió a su joven hijo a la Villa Rica de la Vera Cruz y a las costas malsanas de la región de más al Sureste.

Quiso la mala suerte que enfermara Tristán chico y llegara a tal grado su enfermedad que se temió por su vida. Así lo dijeron los mensajeros que informaron a don Tristán que era imposible trasladar al enfermo en el estado en que se hallaba y que sería cosa de medicinas adecuadas y de un milagro, para que el joven enfermo se salvara.

Henchido de dolor por la enfermedad de su hijo y temiendo que muriese, don Tristán de Alzúcer se arrodilló ante la imagen de la Virgen y prometió ir caminando hasta el santuario del cerrito si su hijo se aliviaba y podía regresar a su lado.

Semanas más tarde el muchacho entraba a la casa de su padre, pálido, convalesciente, pero vivo y su padre feliz lo estrechó entre sus brazos.

Vinieron tiempos de bonanza, el comercio caminaba con la atención esmerada de padre e hijo y con esto, don Tristán se olvidó de su promesa, aunque de cuando en cuando, sobre todo por las noches en que contaba y recontaba sus ganancias, una especie de remordimiento le invadía el alma al recordar la promesa hecha a la Virgen.

Al fin un día envolvió cuidadosamente un par de botellas de buen vino y se fue a visitar a su amigo y consejero el Arzobispo García de Santa María Mendoza, para hablarle de sus remordimientos, de la falta de cumplimiento a la promesa hecha a la Virgen de lo que sería conveniente hacer, ya que de todos modos le había dado gracias a la virgen rezando por el alivio de su vástago.

—Bastará con eso, —dijo el prelado—, si habéis rezado a la Virgen dándole las gracias, pienso que no hay necesidad de cumplir lo prometido.

Don Tristán de Alzúcer salió de la casa arzobispal muy complacido, volvió a su casa, al trabajo y al olvido de aquella promesa de la cual lo había relevado el Arzobispo.

Más he aquí que un día, apenas amanecida la mañana, el Arzobispo Fray García de Santa María Mendoza iba por la calle de La Misericordia, cuando se topó a su viejo amigo don Tristán de Alzúcer, que pálido, ojeroso, cadavérico y con una túnica blanca que lo envolvía, caminaba rezando con una vela encendida en la mano derecha, mientras su enflaquecida siniestra descansaba sobre su pecho.

El arzobispo lo reconoció enseguida, y aunque estaba más pálido y delgado que la última vez que se habían visto, se acercó para preguntarle.

—¿A dónde váis a estas horas, amigo Tristán Alzúcer?

—A cumplir con la promesa de ir a darle gracias a la Virgen—, respondió con voz cascada, hueca y tenebrosa, el comerciante llegado de las Filipinas.

No dijo más y el prelado lo miró extrañado de pagar la manda, aun cuando él lo había relevado de tal obligación.

Esa noche el Arzobispo decidió ir a visitar a su amigo, para pedirle que le explicara el motivo por el cual había decidido ir a pagar la manda hasta el santuario de la Virgen en el lejano cerrito y lo encontró tendido, muerto, acostado entre cuatro cirios, mientras su joven hijo Tristán lloraba ante el cadáver con gran pena.

Con mucho asombro el prelado vio que el sudario con que habían envuelto al muerto, era idéntico al que le viera vestir esa mañana y que la vela que sostenían sus agarrotados dedos, también era la misma.

—Mi padre murió al amanecer— dijo el hijo entre lloros y gemidos dolorosos—, pero antes dijo que debía pagar no sé qué promesa a la Virgen.

Esto acabó de comprobar al Arzobispo, que don Tristan Alzúcer estaba muerto ya cuando dijo haberlo encontrado por la calle de La Misericordia.

En el ánimo del prelado se prendió la duda, la culpa de que aquella alma hubiese vuelto al mundo para pagar una promesa que él le había dicho que no era necesario cumplir.

Pasaron los años...

Tristán el hijo de aquel muerto llegado de las Filipinas se casó y se marchó de la Nueva España hacia la Nueva Galicia. Pero el alma de su padre continuó hasta terminado el siglo, deambulando por la calle en que estaba su casa, gimiendo con su vela encendida, cubierto con el sudario amarillento y carcomido.

Desde aquél entonces, el vuglo llamó a la calleja de esta historia, El Callejón del Muerto, es la misma que andando el tiempo fuera bautizada como calle República Dominicana.

# LA CALLE DE LA QUEMADA

Muchas de las calles, puentes y callejones de la capital de la Nueva España tomaron sus nombres debido a sucesos ocurridos en las mismas, a los templos o conventos que en ellas se establecieron o por haber vivido y tenido sus casas personajes y caballeros famosos, capitanes y gentes de alcurnia. La calle de La Quemada, que hoy lleva el nombre de 5a. Calle de Jesús María y según nos cuenta esta dramática leyenda, tomó precisamente ese nombre en virtud a lo que ocurrió a mediados del Siglo XVI.

Cuéntase que en esos días regía los destinos de la Nueva España don Luis de Velasco I., (después fue virrey su hijo del mismo nombre, 40 años más tarde), que vino a reemplazar al virrey don Antonio de Mendoza enviado al Perú con el mismo cargo. Por esa misma fecha vivían en una amplia y bien fabricada casona don Gonzalo Espinosa de Guevara con su hija Beatriz, ambos españoles llegados de la Villa de Illescas, trayendo gran fortuna que el caballero hispano acrecentó aquí con negocios, minas y encomiendas. Y dícese en viejas crónicas desleídas por los siglos, que si grande era la riqueza de don Gonzalo, mucho mayor era la hermosura de su hija. Veinte años de edad, cuerpo de graciosas formas, ojos glaucos, rostro hermoso y de una blancura de azucena, enmarcado en abundante y sedosa cabellera bruna que le caía por los hombros y formaba una cascada hasta la espalda de fina curvadura.

Asegurábase en ese entonces que su grandiosa hermosura corría pareja con su alma toda bondad y toda dulzura, pues gustaba de amparar a los enfermos, curar a los apestados y socorrer a los humildes por los cuales llegó a despojarse de sus valiosas joyas en plena calle, para dejarlas en esas manos temblorosas y cloróticas.

Con todas estas cualidades, de belleza, alma generosa y noble cuna a lo cual se sumaba la inmensa fortuna de su padre, lógico es pensar que no le faltaron galanes que comenzaron a requerirla en amores para posteriormente solicitarla como esposa. Muchos caballeros y nobles galanes desfilaron ante la casa de doña Beatriz, sin que esta aceptara a ninguno de ellos, por más que todos ellos eran buenos partidos para efectuar un ventajoso matrimonio.

Por fin llegó aquel caballero a quien el destino le había deparado como esposo, en la persona de don Martín de Scópoli, Marqués de Piamonte y Franteschelo, apuesto caballero italiano que se prendó de inmediato de la hispana y comenzó a amarla no con tiento y discreción, sino con abierta locura.

Y fue tal el enamoramiento del marqués de Piamonte, que plantado en mitad de la calleja en donde estaba la casa de doña Beatríz o cerca del convento de Jesús María, se oponía al paso de cualquier caballero que tratara de transitar cerca de la casa de su amada. Por este motivo no faltaron altivos caballeros que contestaron con hombría la impertinencia del italiano, saliendo a relucir las espadas. Muchas veces bajo la luz de la luna y frente al balcón de doña Beatriz, se cruzaron los aceros del Marqués de Piamonte y los demás enamorados, habiendo resultado vencedor el italiano.

Al amanecer, cuando pasaba la ronda por esa calle, siempre hallaba a un caballero muerto, herido o agonizante a causa de las heridas que produjera la hoja toledana del señor de Piamonte. Así, uno tras otro iban cayendo los posibles esposos de la hermosa dama de la Villa de Illescas.

Doña Beatriz, que amaba ya intensamente a don Martín, por su presencia y galanura, por las frases ardientes de amor que le había dirigido y las esquelas respetuosas que le hizo llegar por manos y conducto de su ama, supo lo de tanta sangre corrida por su culpa y se llenó de pena y de angustia y de dolor por los hombres muertos y por la conducta celosa que observaba el de Piamonte.

Una noche, después de rezar ante la imagen de Santa Lucía, vírgen mártir que se sacó los ojos, tomó una terrible decisión tendiente a lograr que don Martín de Scúpoli marqués de Piamonte y Franteschelo dejara de amarla para siempre.

Al día siguiente, después de arreglar ciertos asuntos que no quiso dejar pendientes, como su ayuda a los pobres y medicinas y alimentos que debían entregarse periódicamente a los pobres y conventos, despidió a toda la servidumbre, después de ver que su padre salía con rumbo a la Casa del Factor.

Llevó hasta su alcoba un brasero, colocó carbón y le puso fuego. Las brasas pronto reverberaron en la estancia, el calor en el anafre se hizo intenso y entonces, sin dejar de invocar a Santa Lucía y pronunciando entre lloros el nombre de don Martín, se puso de rodillas y clavó con decisión, su hermoso rostro sobre el brasero.

Crepitaron las brasas, un olor a carne quemada se esparció por la alcoba antes olorosa a jazmín y almendras y después de unos minutos, doña Beatriz pegó un grito espantoso y cayó demayada junto al anafre.

Quiso Dios y la suerte que acertara a pasar por allí el fraile mercedario Fray Marcos de Jesús y Gracia, quien por ser confesor de doña Beatriz entró corriendo a la casona después de escuchar el grito tan agudo y doloroso.

Encontró a doña Beatriz aún en el piso, la levantó con gran cuidado y quiso colocarle hierbas y vinagre sobre el rostro quemado, al mismo tiempo que le preguntaba qué le había ocurrido.

Y doña Beatriz que no mentía y menos a Fray Marcos de Jesús y Gracia que era su confesor, le explicó los motivos que tuvo para llevar al cabo tan horrendo castigo. Terminando por decirle al mercedario que esperaba que ya con el rostro horrible, don Martín el de Piamonte no la celaría, dejaría de amarla y los duelos en la calleja terminarían para siempre.

El religioso fue en busca de don Martín y le explicó lo sucedido, esperando también que la reacción del italiano fuera en el sentido en que doña Beatriz había pensado, pero no fue así. El caballero italiano se fue de prisa a la casa de doña Beatriz su amada, a quien halló sentada en un sillón sobre un cojín de terciopelo carmesí, su rostro cubierto con un velo negro que ya estaba manchado de sangre y carne negra.

Con sumo cuidado le descubrió el rostro a su amada y al hacerlo no retrocedió horrorizado, se quedó atónito, apenado, mirando la cara hermosa y blanca de doña Beatriz, horriblemente quemada. Bajo sus antes arqueadas y pobladas cejas, había dos agujeros con los párpados chamuscados, sus mejillas sonrosadas, eran cráteres abiertos por donde escurría sanguaza y los labios antes bellos, carnosos, dignos de un beso apasionado, eran una rendija que formaban una mueca horrible.

Con este sacrificio, doña Beatriz pensó que don Martín iba a rechazarla, a despreciarla como esposa, pero no fue así. El marqués de Piamonte se arrodilló ante ella y le dijo con frases en las que campeaba la ternura:

—Ah, doña Beatríz, yo os amo no por vuestra belleza física, sino por vuestras cualidades morales, sóis buena y generosa, sóis noble y vuestra alma es grande...

El llanto cortó estas palabras y ambos lloraron de amor y de ternura.

—En cuanto regrese vuestro padre, os pediré para esposa, si es que vos me amáis. Terminó diciendo el caballero.

La boda de doña Beatriz y el marqués de Piamonte se celebró en el templo de La Profesa y fue el acontecimiento más sensacional de aquellos tiempos. Don Gonzalo de Espinosa y Guevara gastó gran fortuna en los festejos y por su parte el marqués de Piamonte regaló a la novia vestidos, alhajas y mobiliario traídos desde Italia.

Claro está que doña Beatriz al llegar ante el altar se cubría el rostro con un tupido velo blanco, para evitar la insana curiosidad de la gente y cada vez que salía a la calle, sola al cercano templo a escuchar misa o acompañada del esposo, lo hacía con el rostro cubierto por un velo negro.

A partir de entonces, la calle se llamó Calle de la Quemada, en memoria de este acontecimiento que ya en cuento o en leyenda, han repetido varios autores, siendo estos datos los auténticos y que obran en polvosos documentos.

# EL PUENTE DEL CLÉRIGO

Allá por el año de 1649 en que ocurre esta verídica historia que los años transformaron en macabra leyenda, el sitio en que tuvieron lugar estos hechos consignados en las antiguas crónicas eran simplemente unos llanos en los que se levantaban unas cuantas casucas formando parte de la antigua parcialidad de Santiago Tlatelolco; sin embargo cruzando apenas la acequia llamada de Texontlali, cuyas aguas zarcas iban a desembocar a la laguna (junto al mercado de La Lagunilla siglos después), había unas casas de muy buena factura en una de las cuales y cruzando el puente que sobre la dicha acequia existía fabricado de mampostería con arco de medio punto y alta balaustrada, vivía un religioso llamado don Juan de Nava, que oficiaba en el templo de Santa Catarina. Este sacerdote tenía una sobrina a su cuidado, muy linda, muy de buen ver y en edad en que se sueña con marido, llamada doña Margarita Jáuregui.

El tercer personaje de esta increíble, pero verídica historia que aparece a fojas 231 de las memorias de Fray Marcos López y Rueda, que fuera obispo de Yucatán y Virrey provisional de la Nueva España, lo fue un caballero y portugués de muy buena presencia y malas maneras llamado don Duarte de Zarraza.

Por decirse de familia ilustre el galán portugués asistía a los saraos y fiestas virreinales y como doña Margarita Jáuregui, por haber sido hija de afortunado caballero también tenía acceso a los salones palaciegos, cierta vez se conocieron en una de esas fiestas.

Conocer a tan hermosa dama y comenzar a enamorarla fue todo uno para el enamoradizo portugués, que indagó y fue hasta la casa del fraile situada al cruzar el puente de la acequia antes mencionada. Sus requiebros, su presencia frecuente, sus regalos y sus cartas encendidas pronto inflamaron el pecho de doña Margarita Jáuregui que estaba en el mero punto de edad para el casorio, por lo que muy pronto accedió a los requerimientos amorosos del portugués.

Pero don Fray Juan de Nava también indagó muchas cosas de don Duarte de Zarraza y supo que allá en su tierra además de haber dejado muchas deudas, también abandonó a dos mujeres con sus respectivos vástagos, que aquí en la capital de la Nueva España llevaba una vida disipada y licenciosa y que se vivía en la casa gaya y se exhibía con las descocadas barraganas. Además tenía varias queridas en encontrados rumbos de la ciudad y andaba en amoríos con diez doncellas.

Por todos estos motivos, el cura Juan de Nava prohibió terminantemente a su sobrina que aceptara los amores del porfiado portugués, pero ni doña Margarita ni don Duarte hicieron caso de las advertencias del clérigo y continuaron con sus amoríos a espaldas del ensotanado tío.

Dos veces el cura Juan de Nava habló con el llamado Duarte de Zarraza ya en tono violento prohibiéndole que se acercara tan solo a su casa o al puente de la acequia de Tezontlali, pero en contestación recibió una blasfemia, burlas y altanería de parte del de Portugal.

Y tanto se opuso el sacerdote a esos amores y tantas veces reprendió a la sobrina y a Zarraza, que este decidió quitar del medio al clérigo, porque según dijo, nadie podía oponerse a sus deseos.

Siguiendo al pie de la letra añejas y desleídas crónicas, sabemos que el perverso portugués decidió matar al clérigo precisamente el 3 de abril de ese año de 1649 y al efecto se fue a decirle a doña Margarita Jáuregui, que ya que su tío-tutor no los dejaría casarse, deberían huir para desposarse en La Puebla de los Ángeles. La bella mujer convino en seguir al galán burlando la voluntad del cura.

El día señalado estaban conversando por la ventana de la casa a eso de la caída de la tarde, cuando Duarte de Zarraza vio venir al cura, acercarse al puente sobre la acequia de Texontlali y sin decirle nada a Margarita, se alejó del balcón y corrió hacia el puente.

No se sabe lo que dijeron, mejor dicho discutieron clérigo y portugués, pero de pronto, Duarte de Zarraza sacó un puñal en cuyo pomo aparecía grabado el escudo de su casa portuguesa y clavó de un golpe furioso en el cráneo al cura.

El cura cayó herido de muerte y el portugués lo arrastró unos cuantos pasos y lo arrojó a las aguas lodosas de la acequia por encima de la balaustrada del puente.

Como era de muchos conocida la oposición del clérigo a sus amoríos con Margarita su sobrina, Duarte de Zarraza decidió ocultarse primero y después huir a Veracruz, en donde permaneció cerca de un año.

Pasado ese tiempo, el portugués regresó a la capital de la Nueva España y decidió ir a ver a Margarita Jáuregui, para pedirle que huyera con él, ya que estaba muerto el cura su tío.

Esperó la noche y se encaminó hacia el rumbo norte, por el lado de Tlatelolco...

Llegó al puente de la acequia, pero no pudo pasarlo, de hecho jamás llegó a cruzarlo vivo. Al día siguiente viandantes mañaneros lo descubrieron muerto, horriblemente desfigurado el rostro por una mueca de espanto, como espanto sufrieron los descubridores, ya que don Duarte de Zarraza yacía estrangulado por un horrible esqueleto cubierto por una sotana hecha jirones, manchada de limo, de lodo y agua pestilente. Las manos descarnadas de aquél muerto, en el cual se identificó en el acto al clérigo don Juan de Nava, estaban pegadas al cuello de Zarraza, mientras brillaba a los primeros rayos del sol de la mañana, la hoja de un puñal que estaba hendiendo su mondo cráneo y en cuyo pomo aparecía el escudo de la casa de Zarraza.

No había duda, el clérigo había salido de su tumba pantanosa en la que permaneció todo el tiempo que el portugués estuvo ausente y al volver a la ciudad emergió para vengarse.

Esto dicen las crónicas, esto contó años más tarde la leyenda y por eso, al puente sin nombre y a la calle que se formó andando el tiempo, se le conoció por muchos años, como la calle del Puente del Clérigo, hoy conocida por 7a., y 8a., de Allende dando como referencia el antiguo callejón del Carrizo.

# EL FANTASMA DE LA MONJA

Cuando existieron personajes en esa época colonial inolvidable, cuando tenemos a la mano antiguos testimonios y se barajan nombres auténticos y acontecimientos, no puede decirse que se trata de un mito, una leyenda o una invención producto de las mentes de aquél siglo. Si acaso se adornan los hechos con giros literarios y sabrosos agregados para hacer más ameno un relato que por muy diversas causas ya tornó patente de leyenda. Con respecto a los nombres que en este cuento aparecen, tampoco se ha cambiado nada y si varían es porque en ese entonces se usaban de una manera diferente nombres, apellidos y blasones.

Durante muchos años y según consta en las actas del muy antiguo convento de la Concepción, que hoy se localizaría en la esquina de Santa María la Redonda y Belisario Domínguez, las monjas enclaustradas en tan lóbrega institución, vinieron sufriendo la presencia de una blanca y espantable figura que en su hábito de monja de esa orden, veían colgada de uno de los arbolitos de durazno que en ese entonces existían. Cada vez que alguna de las novicias o profesas tenían que salir a alguna misión nocturna y cruzaban el patio y jardínes de las celdas interiores, no resistían la tentación de mirarse en las cristalinas aguas de la fuente que en el centro había y entonces ocurría aquello. Tras ellas, balanceándose al soplo ligero de la brisa noctural, veían a aquella novicia pendiente de una soga, con sus ojos salidos de las órbitas y con su lengua como un palmo fuera de los labios retorcidos y resecos; sus manos juntas y sus pies con las puntas de las chinelas apuntando hacia abajo.

Las monjas huían despavoridas clamando a Dios y a las superioras, y cuando llegaba ya la abadesa o la madre tornera que era la más vieja y la más osada, ya aquella horrible visión se había esfumado.

Así, noche a noche y monja tras monja, el fantasma de la novicia colgando del durazno fue motivo de espanto durante muchos años y de nada valieron rezos ni misas ni duras penitencias ni golpes de cilicio para que la visión macabra se alejara de la santa casa, llegando a decir en ese entonces en que aún no se hablaba ni se estudiaban estas cosas, que todo era una visión colectiva, un caso típico de histerismo provocado por el obligado encierro de las religiosas.

Más una cruel verdad se ocultaba en la fantasmal aparición de aquella monja ahorcada, colgada del durazno y se remontaba a muchos años antes, pues debe tenerse en cuenta que el Convento de la Concepción fue el primero en ser construído en la Capital de la Nueva España, (apenas 22 años después de consumada la Conquista y no debe confundirse convento de monjas-mujeres con monasterio de monjes-hombres), y por lo tanto el primero en recibir como novicias a hijas, familiares y conocidas de los conquistadores españoles.

Vivían pues en ese entonces en la esquina que hoy serían las calles de Argentina y Guatemala, precisamente en donde se ubicaba muchos años después una cantina, los hermanos Ávila, que eran Gil, Alfonso y doña María a la que por oscuros motivos se inscribió en la historia como doña María de Alvarado.

Pues bien esta doña María que era bonita y de gran prestancia, se enamoró de un tal Arrutia, mestizo de humilde cuna y de incierto origen, quien viendo el profundo enamoramiento que había provocado en doña María trató de convertirla en su esposa para así ganar mujer, fortuna y linaje.

A tales amoríos se opusieron los hermanos Ávila, sobre todo el llamado Alonso de Ávila, quien llamando una tarde al irrespetuoso y altanero mestizo, le prohibió que anduviese en amoríos con su hermana.

—Nada podeís hacer si ella me ama —dijo cínicamente el tal Arrutia—, pues el corazón de vuestra hermana ha tiempo es mío; podéis oponeros cuanto queráis, que nada lograréis.

Molesto don Alonso de Ávila se fue a su casa de la esquina antes dicha y que siglos después se llamara del Relox y Escalerillas respectivamente y habló con su hermano Gil a quien le contó lo sucedido. Gil pensó en matar en un duelo al bellaco que se enfrentaba a ellos, pero don Alonso pensando mejor las cosas, dijo que el tal sujeto era un mestizo despreciable que no podría medirse a espada contra ninguno de los dos y que mejor sería que le dieran un escarmiento. Pensando mejor las cosas decidieron reunir un buen monto de dinero y se lo ofrecieron al mestizo para que se largara para siempre de la capital de la Nueva España, pues con los dineros ofrecidos podría instalarse en otro sitio y poner un negocio lucrativo.

Cuéntase que el mestizo aceptó y sin decir adiós a la mujer que había llegado a amarlo tan intensamente, se fue a Veracruz y de allí a otros lugares, dejando transcurrir los meses y dos años, tiempo durante el cual, la desdichada doña María Alvarado sufría, padecía, lloraba y gemía como una sombra por la casa solariega de los hermanos Ávila, sus hermanos según dice la historia.

Finalmente, viendo tanto sufrir y llorar a la querida hermana, Gil y Alonso decidieron convencer a doña María para que entrara de novicia a un convento. Escogieron al de la Concepción y tras de reunir otra fuerte suma como dote, la fueron a enclaustrar diciéndole que el mestizo motivo de su amor y de sus cuitas jamás regresaría a su lado, pues sabían de buena fuente que había muerto.

Sin mucha voluntad doña María entró como novicia al citado convento, en donde comenzó a llevar la triste vida claustral, aunque sin dejar de llorar su pena de amor, recordando al mestizo Arrutia entre rezos, angelus y maitines. Por las noches, en la soledad tremenda de su celda se olvidaba de su amor a Dios, de su fe y de todo y sólo pensaba en aquel mestizo que le había sorbido hasta los tuétanos y sembrado de deseos su corazón.

Al fin, una noche, no pudiendo resistir más esa pasión que era mucho más fuerte que su fe, que opacaba del todo a su religión, decidió matarse ante el silencio del amado de cuyo regreso llegó a saber, pues el mestizo había vuelto a pedir más dinero a los hermanos Ávila.

Cogió un cordón y lo trenzó con otro para hacerlo más fuerte, a pesar de que su cuerpo a causa de la pasión y los ayunos se había hecho frágil y pálido. Se hincó ante el crucificado a quien pidió perdón por no poder llegar a desposarse al profesar y se fue a la huerta del convento y a la fuente.

Ató la cuerda a una de las ramas del durazno y volvió a rezar pidiendo perdón a Dios por lo que iba a hacer y al amado mestizo por abandonarlo en este mundo.

Se lanzó hacia abajo...

Sus pies golpearon el brocal de la fuente.

Y allí quedó basculando, balanceándose como un péndulo blanco, frágil, movido por el viento.

Al día siguiente la madre portera que fue a revisar los gruesos picaportes y herrajes de la puerta del convento, la vio colgando, muerta.

El cuerpo ya tieso de María de Alvarado fue bajado y sepultado esa misma tarde en el cementerio interior del convento y allí pareció terminar aquél drama amoroso.

Sin embargo, un mes después, una de las novicias vió la horrible aparición reflejada en las aguas de la fuente. A esta aparición siguieron otras, hasta que las superiores prohibieron la salida de las monjas a la huerta, después de puesto el sol.

Tal parecía que un terrible sino, el más trágico perseguía a esta familia, vástagos los tres de doña Leonor Alvarado y de don Gil González Benavides, pues ahorcada doña María de Alvarado en la forma que antes queda dicha, sus dos hermanos Gil y Alonso de Ávila se vieron envueltos en aquella conspiración o asonada encabezada por don Martín Cortés, hijo del conquistador Hernán Cortés y descubierta esta conjura fueron encarcelados los hermanos Ávila, juzgados sumariamente y sentenciados a muerte.

El 16 de julio de 1566 montados en cabalgaduras vergonzantes, humillados y vilipendiados, los dos hermanos Ávila,Gil y Alonso fueron conducidos al patíbulo en donde fueron degollados. Por órdenes de la Real Audiencia y en mayor castigo a la osadía de los dos Ávila, su casa fue destruída y en el solar que quedó se aró la tierra y se sembró con sal.

# EL CALLEJÓN DEL MANCO

Puede ser que don José Zorrilla se haya inspirado en la vida de crápula y aventuras amorosas, de lances de capa y espada y discurrir licencioso de un tal Capitán Ginés para escribir su obra clásica de "Don Juan Tenorio". El susodicho Capitán vivió en el siglo XVIII en que ocurrió todo esto, aquí en la entonces capital de la Nueva España.

Érase el capitán Ginés un tipo valiente, alevoso, ducho en el manejo del acero, enamoradizo, galán, burlador y amador de mujeres sin respetar condición ni color y poco le importaba que fuesen solteras, vírgenes, casadas, viudas y abandonadas.

Dicen las crónicas de ese siglo que el Capitán Ginés perseguía a las mujeres hasta las alcobas conyugales y que las requería de amores aún dentro de los templos y que las aguardaba especialmente junto a la pila de agua bendita a donde por fuerza las mujeres tenían que meter la mano para mojar los dedos.

Allí las tocaba de la mano, les exigía una cita de amor o las amenazaba con penetrar a sus alcobas a la medianoche de un día determinado, aunque para ello tuviese que dar muerte al marido.

Entre todas las mujeres que amó y dejaron que las amara el Capitán Ginés, hubo una llamada doña Inés de Montúfar que habíase conservado en doncellez porque deseaba hacer buena boda y ser llevada ante el altar toda de blanco y fue a esta mujer a quien comenzó a perseguir don Ginés llenándola de comedidas atenciones y jurándole que la quería.

—Si de verdad me amais como decís, señor Capitán Ginés —decía la hermosa doncella—, me habréis de conducir ante el altar en donde seré vuestra esposa.

—Os juro por mi honor y por mi espada, que seréis dueña de mi mano y de mi alma, doña Inés, —replicaba el Capitán.

Así pasaban los días en que doña Inés estaba más enamorada del calavera capitán y éste con más deseos de hacer suya a la doncella, que hacer honor a la promesa de concederle a su vez, la mano.

Cierta tarde al fin, cuando doña Inés acudía al templo de San Francisco, se topó con don Ginés que interceptándola le dijo:

—Dudo de vuestra doncellez, como vos dudáis de mi palabra de entregaros mi mano. Dádme pues la prueba de vuestra virginidad esta misma noche y yo os cumpliré también.

—¡Don Ginés! —exclamó la doncella asustada.

—¡Nada, nada! —atajó el burlador de la Nueva España—, esta noche a las doce iré a vuestra casa, dejad abierta la puerta y el zaguán, que yo sabré llegar a vuestra alcoba.

Y el capitán se alejó dejando a doña Inés impávida.

Dicen los anales que en ese entonces llevaban los alguaciles y regidores de la Nueva España, que a las doce de esa noche, invernal, fría y de un viento que ululaba, llegó embozado el Capitán Ginés hasta la casa de la doncella. El zaguán estaba abierto, como él lo había pedido, cosa que le hizo sonreír y saborear de antemano las primicias de unas caricias femeninas, mas al meter la diestra para destrabar un hierro que no dejaba abrir bien las pesadas maderas, alguien cerró de un golpe el pesado portón, cogiendo el brazo del galán entre la hoja movible y la hoja fija, causando la dolorosa astilladura del brazo del capitán Ginés, a la altura del codo.

—¡Voto al Diablo! —Gritó adolorido el capitán—, que esto es cosa del demonio que proteje a esa mujer, mas yo me he de vengar de esta traición tan afrentosa.

Cuando sangrante y con el brazo derecho colgando fue hallado el capitán Ginés por la ronda que pasaba, dijo a los guardias que doña Inés lo había citado y que habiéndose arrepentido le había dado un estacazo de tal magnitud, que lo había dejado manco.

Los cirujanos de entonces terminaron por amputar el brazo del capitán Ginés y la justicia, en castigo a este hecho, en el cual al parecer nada tuvo que ver doña Inés, la condenaron a ir como novicia al convento de las madres Jerónimas.

Allí permaneció varios días doña Inés, ignorante de cuanto le había pasado a don Ginés aunque le habían echado a ella la culpa.

Curado don Ginés y creyendo también que doña Inés era la responsable de su manquedad, juró que se vengaría y aquí viene la similitud con la obra de Zorrilla, pues después de pagar con largueza los favores de una monja, logró que esta avisara a doña Inés que la esperaba en el zaguán, para conducirla ante el altar.

Una noche la monja se fugó saliendo del convento en complicidad con la supuesta Brígida y fue conducida a la casa de una ama que tenía fama de austera.

Dos días más tarde llegó el velo de novia y el vestido y los ajuares y todo y se concertó la boda en el templo de San Agustín.

Grande fue la expectación y dicen que fueron a la

boda muchas de las mujeres amadas o burladas por el galante capitán Ginés, cuando se presentó en el templo el mismo hombre que pensaban llegaba a cumplir su promesa.

Y así fue...

El capitán Ginés se llegó hasta el altar en donde ya aguardaba la novia y sacando su brazo amputado y que llevaba en un vitrolero lleno de aguardiente, lo arrojó sobre el pecho de la novia, gritando:

—¡Os prometí daros mi mano, doña Inés, hela aquí y en santa paz, ja ja ja ja ja!

Y dejando allí en el suelo su amputado y renegrido brazo con girones de sangre reseca, se alejó dejando a todos sin poder decir palabra.

Este suceso que hoy recogemos como leyenda, no tiene terminación conocida alguna, aunque se dice que el capitán Ginés se fue para Guatemala y que doña Inés regresó al convento.

Pero a partir de entonces, el callejón que después se llamó de "La Igualdad", fue conocido durante muchos años como "El Callejón del Manco", precisamente por este suceso aquí narrado.

# EL SEÑOR DEL REBOZO

A mediados del Siglo XVI funcionaba ya como convento Dominico, el edificio situado a espaldas del que fuera templo de Santa Catalina de Siena, ubicado en la calle de su nombre hoy República Argentina. Fundado por ayuda pecuniaria de tres mujeres sumamente religiosas y ricas conocidas por "Las Felipas", este convento recibía la ayuda de casas y encomiendas y rentas producto de una especie de fideicomiso de estas Felipas y así comenzó a recibir monjas que se acogían a la advocación de Santa Catalina de Siena.

En el Templo que como se dice y se sabe, daba a la hoy calle de la República Argentina, estaba entrando a la derecha, un Cristo de madera, esculpido por anónimo escultor, uno de tantos imagineros que dejó para siempre su arte religioso sin que se recuerde su nombre. Era un Cristo de mirada triste, de palidez mortal, con grandes llagas sangrantes y una corona de espinas cuyas puntas parecían clavarse en la carne, la madera que asimismo escurría sangre. Daba lástima esta triste figura del Señor colocada a la entrada del templo, con su cuerpo llagado, flácido y apenas cubierto con un trozo de túnica morada.

Tal vez este triste aspecto del Cristo cargando la Cruz fue lo que motivó a una monja que llegó como novicia bajo el nombre de Severa de Gracida y Álvarez y que más tarde adoptara al profesar, el de Sor Severa de Santo Domingo. Pues bien esta monja, cada vez que iba a misa al templo de Santa Catalina, se detenía para murmurar un par de oraciones al Señor cargado con tan pesada cruz al grado de que cada día lo advertía más agobiado, más triste, más sangrante.

Pasaban los años y a medida que la monja Sor Severa de Santo Domingo solía pasar más tiempo ante el Cristo, mayor era su devoción, mayor su pena y más grande la fe que profesaba al hijo de Dios.

Así pasaron los años, treinta y dos para ser más exactos, la monja se hizo vieja, enferma, cansada, pero no por eso declinó en su adoración por el Señor de la Cruz a cuestas, sino que aumentó a tal grado de que lo llamaba desde su celda en donde había caído enferma de enfermedad y de vejez.

Una noche ululaba el viento, se metía por las rendijas, por el portillo sin vidrio ni madera, calaba hasta los huesos viejos y cansados de la monja. El aire azotaba la lluvia y la noche se hacía insoportable.

—¡Jesús... Cristo mío! —gritó la monja con voz casi inaudible, pero llena de dolor, tratando de abandonar su lecho de enferma—, dejádme que cubra vuestro enjuto y aterido cuerpo... venid a mi señor, y mostráos ante esta pecadora que sólo ha sabido amarte y adorarte en religiosa reverencia.

Arreció el vendabal...

Y lo insólito de esta historia ocurrió entonces. Llamaron quedamente a la puerta de la celda de la enferma monja y ésta con muchos trabajos se levantó y abrió, para encontrarse ante la figura triste de un mendigo, casi desnudo, que parecía implorar pan y abrigo.

La monja tomó un mendrugo, un trozo de la hogaza

que no había tocado y le ofreció el pan mojado en aceite, agua y sacando de su ropero un chal, un rebozo de lana, cubrió el aterido cuerpo del mendigo.

Terminado de hacer esto, el cuerpo de la monja se estremeció, lanzó un profundo suspiro y falleció.

Al día siguiente hallaron su cuerpo yerto, pero oloroso a santidad, a rosas, con una beatífica sonrisa en su rostro marchitado por los años y la enfermedad.

Y allá en el templo de Santa Catalina de Siena, cubriendo el enjuto y sangrante cuerpo del Señor con la cruz a cuestas, el rebozo o chal de la vieja monja.

Desde entonces y considerado esto como un milagro, un acto inexplicable, las religiosas y los fieles bautizaron a esta imagen como "El Señor del Rebozo" y este cristo estuvo muchos años expuesto a la veneración de los feligreses, hasta la exclaustración de las monjas y cuando el gobierno cedió este hermoso y legendario templo, primero para templo protestante y después para biblioteca.

# LA CALLE DE DON JUAN MANUEL

Cuentan habilidosos historiadores, que don Juan Manuel de Solórzano, natural de Burgos, llegó a tierras de la Nueva España en compañía del Virrey don Lope Diez de Armendáriz, marqués de Cadereyta, nombrado para tal cargo por renuncia que hiciera el marqués de Cerralvo y que el dicho Virrey llenó de canongías y cargos hacendarios a su protegido.

Don Juan Manuel de Solórzano compró hermosa y ostentosa casa que a la fecha puede verse con sus hierros forjados, con su zaguán incrustado de chapetones de bronce y sus canalones de piedra tallada en la hoy 4a. calle de Uruguay.

Ya rico y en buena posición ante el virrey, don Juan Manuel de Solórzano, natural de Burgos, casó con doña Ana Porcel de Velasco, viuda muy hermosa de un oficial de marina y que llegaba a la Nueva España a cubrir su viudez con un nuevo y ventajoso matrimonio o a hacerse de fortuna mediante su belleza.

Cuéntase que entonces como ahora la corrupción imperaba en el palacio y que don Juan Manuel de Solórzano comenzó a enriquecerse casi de la noche a la mañana, cubriendo de joyas y vestidos a su esposa, que continuaba cada día con mayor belleza y coquetería.

Tanto se acrecentó la fortuna de don Juan Manuel como la hermosura y atractivos de doña Ana, que comenzó a sentir por ella agudos celos, al grado de tener con ella muchas agrias discusiones y amenazarla con meterla monja antes de cometer una locura.

Ocurren cosas en España, el marqués de Cadereyta cae de la gracia del Rey de España y se ordena una auditoría que practica la audiencia con adustos y severos escrutadores de los bienes de la corona.

El marqués de Cadereyta es acusado ante la Corte de España y don Juan Manuel de Solórzano pasó a una celda por orden del Alcalde del Crimen don Francisco Vélez de Pereira.

Allá en la prisión de la Audiencia que después se llamara de La Acordada, estaba también preso un caballero de Orizaba llevado allí por intrigas de faldas y dinero, llamado don Prudencio de Armenta, que era amigo de don Juan Manuel.

Entre las noticias que les llegaban a las celdas vino una que se refería a que el mismo Alcalde del Crimen que enviara a don Juan Manuel a la prisión, asediaba a su mujer doña Ana Porcel de Velasco, prometiéndole la libertad del marido si accedía a sus requerimientos pasionales. Unos dicen que doña Ana se negó a pagar con sus besos y su cuerpo la libertad de don Juan Manuel, pero el celoso esposo no lo creyó y pensando que su esposa lo engañaba, una noche, desesperado, quiso invocar al Diablo gritándole hacia los cuatro muros de su celda fría.

Oyólo don Prudencio Armenta que era muy su amigo y le dijo que no había allí más diablo que el dinero y sobornando a uno de los guardias, dejaron salir a don Juan Manuel para que fuera a ver si su esposa lo engañaba o no con el Alcalde del Crimen.

Sigiloso, embozado y armado de un puñal, don Juan Manuel se situó en las cercanías de su casa y viendo acercarse al Alcalde Don Francisco Vélez de Pereira, le dio de puñaladas, regresando después a su celda.

Y ocurrió lo que no fue más que un triste enredo de esos tiempos, pues el Rey de España perdonó al marqués de Cadereyta y este a su gran amigo don Juan Manuel, más como se investigara y se supiera que el protegido del marqués había sido el asesino del Alcalde del Crimen don Francisco Velez de Pereira, aquello se volvió todo un crucigrama.

El virrey quería salvar a su amigo y la Audiencia castigar al responsable del crimen.

Por fin una mañana apareció muerto, colgado de la horca del patíbulo que se levantaba en la Plaza Mayor, el controvertido don Juan Manuel de Solórzano y se dijo que los ángeles para castigar su culpa, pues él había dado muerte al Alcalde del Crimen, lo colgaron de la horca a donde nunca se aceptó que fue llevado por manos humanas.

De esta verdad, de todo esto que obra en los Archivos de Indias en Sevilla, se ha forjado una de las más conocidas leyendas coloniales que así se ha titulado "La Calle de Don Juan Manuel", pues desde entonces se llamó así a la calle de Uruguay.

Se dijo en esa sabrosa aunque inverosímil leyenda, que don Juan Manuel salía a las once de la noche y mataba a todo transeúnte que se atrevía a cruzar por su calle, diciendo:

—¿Qué horas son, caballero?

—Las once, —replicaba el aludido.

—Feliz usarcé que sabe a qué hora va a morir—, gritaba don Juan Manuel y le destripaba con su daga.

Y cuéntase que esto era porque sentía intensos celos por los devaneos de su esposa, de quien se decía que repartía sus caricias entre el Alcalde del Crimen, el propio Virrey, protector de don Juan Manuel de Solórzano y amante de doña Ana.

Lo cierto es que muchos años más tarde, los noctámbulos y la misma ronda que recorría las calles tortuosas de la capital de Nueva España, aseguran haber visto al embozado don Juan Manuel, preguntando la hora con voz cavernosa y desdentada boca, mientras brillaba en su mano descarnada una hoja toledana.

LEYENDAS MEXICANAS DE ANTES Y DESPUÉS DE LA CONQUISTA, quedó totalmente impresa y encuadernada el 28 de febrero de 1993. La labor se realizó en los talleres del Centro Cultural EDAMEX, Heriberto Frías 1104, Col. del Valle, México 03100. Se hicieron 3,000 ejemplares.